拎稳“菜篮子”

——全国“菜篮子”和都市现代农业工作典型案例

农业农村部市场与信息化司　编

中国农业出版社
北　京

图书在版编目（CIP）数据

拎稳“菜篮子”：全国“菜篮子”和都市现代农业工作典型案例 / 农业农村部市场与信息化司编. -- 北京：中国农业出版社，2025. 7. -- ISBN 978-7-109-33351-2

Ⅰ. F326

中国国家版本馆CIP数据核字第20258VV185号

拎稳“菜篮子”
LINWEN “CAILANZI”

中国农业出版社出版
地址：北京市朝阳区麦子店街18号楼
邮编：100125
责任编辑：程　燕
版式设计：小荷博睿　　责任校对：张雯婷
印刷：北京印刷集团有限责任公司
版次：2025年7月第1版
印次：2025年7月北京第1次印刷
发行：新华书店北京发行所
开本：787mm × 1092mm　1/16
印张：8.5
字数：120千字
定价：75.00元

编辑委员会

主　　编：雷刘功

副 主 编：宋丹阳

参编人员：沈国际　吴建寨　白玲　赵佳
居立　沈辰　景雄　李伊然
周臻　张建军　张岭　周敏
曹丽霞　曹琳琳　程兵　郑军
徐华艳　屈强　文生威　谭雅中
余万民　刘世博　周义丽　哈矿武
马永攀　左进华　薄洪波　戴俊
杨永红　陈甜甜　何雪　凡明洪

前言

“菜篮子”一头连着农民、一头连着市民，事关亿万居民肉蛋奶、鱼果菜等重要农产品供给，是推进城乡融合发展的关键纽带。党中央、国务院始终高度重视“菜篮子”工作，压紧压实“菜篮子”市长负责制，对“菜篮子”产品稳产保供作出一系列重大部署安排，持续推动“菜篮子”工程建设。各地深入贯彻落实党中央、国务院决策部署，认真落实“菜篮子”市长负责制，因地制宜发展都市现代农业，在制度机制、模式方法、平台建设等方面积极探索，涌现了许多好经验好做法。

为总结近年来各地“菜篮子”和都市农业发展的经验做法，充分发挥典型示范带动作用，农业农村部市场与信息化司开展了“菜篮子”和都市现代农业工作典型案例征集，在各省（自治区、直辖市）推荐的基础上，突出示范性、创新性、系统性，从制度机制建设、设施农业发展、现代科技支撑、数字化赋能、金融支持等方面，择优选取了16个“菜篮子”和10个都市现代农业工作典型案例。这些案例切合实际、特色鲜明、成效突出、可操作性强，既有五端协同、一二三产业融合等全链条实践，又有打造一体化信息监测平台、建设“农业中关村”等小切口突破，涵盖了东中西部不同地域、不同发展阶段、不同保供需求等多种情况，做法易操作、可借鉴、好推广，具有很强的代表性和典型性。

“菜篮子”是重大民生工程，必须常抓不懈、常抓常新，都市现代农业前景广阔、潜力巨大，必须勇于探索、改革创新。党的二十届三中全会就“完善城乡融合发展体制机制”作出全面部署。贯彻党的二十届三中全会精神，推进乡村全面振兴、建设农业强国，必须把保障“菜篮子”产品稳定安全供给、推动都市现代农业发展摆上更重要的位置。希望这些典型案例，能够为各地提供启发、思考，引导各地紧密结合本地实际，加大政策支持力度，采取务实有效手段，推动“菜篮子”和都市现代农业工作迈上新台阶。

农业农村部市场与信息化司

2025年2月11日

目录

前言

01 一、“菜篮子”工作典型案例

大连：

建好“菜园子” 抓好“菜市场” 凝聚合力稳定蔬菜价格

编者按： 蔬菜的一头是“菜园子”，关乎农民收入；另一头是“菜篮子”，直接影响物价水平及市民生活质量。为确保蔬菜量足、质优、价廉，大连市创新平抑蔬菜价格工作机制，提升本地蔬菜生产能力，畅通蔬菜供应渠道，推进蔬菜全产业链数字化建设，为经济发展营造良好的社会环境。

近年来，大连市委、市政府高度重视“菜篮子”工程建设，把“菜篮子”工作列入重点民生实事，全面落实“菜篮子”市长负责制，创新工作机制，多举措平抑蔬菜价格，保障市场供应充足、菜价平稳运行，提高城乡居民的获得感、幸福感和安全感。

一、建机制、凝合力，高位推动“菜篮子”市长负责制

大连市政府高度重视“菜篮子”工程建设，2024年将“稳定市民‘菜篮子’产品生产”作为15项重点民生实事之一，按月进行督查考核，确保“菜篮子”产品稳定供给。为了凝聚工作合力，大连市成立了由市长为总召集人、6位副市长为副召集人的工作专班，高位推动“菜篮子”工程建设。建立了政府引导、多方联动、分工协作的“大连市推进蔬菜稳产保供平价惠民工作联席会议机制”，联席会议下设生产保障、流通保供、价格监测、金融支持等9个小组，各小组由分管领域副市长任组长。制定了《大连市推进蔬菜稳产保供平价惠民两年行动方案（2024—2025年）》，工作专班实行月调

度、清单式管理，在遇到重大突发事件、自然灾害及供求关系严重失衡等关键敏感期，立即启动应急工作预案，进行日调度或周调度，有效促进了蔬菜生产、流通、销售各环节规范、有序、健康的发展。

智慧化升级改造后的大连桃源农贸市场

二、优布局、稳面积，提升蔬菜供给能力

大连市合理优化区域布局、产品结构和上市档期，近郊地区重点发展叶菜类，北部地区重点发展根茎类、茄果类蔬菜，促进季节性、品种结构性均衡。严格执行菜田最低保有量制度，压实属地菜田保护责任，确保全市蔬菜在田面积常年稳定在28万亩*以上，年播种面积50万亩以上，产量达到180万吨以上。大力推进规模化生产，拥有5000亩以上蔬菜生产乡镇（街

---

* “亩”为非法定计量单位，1亩≈667平方米。——编者注

道）21个，1000亩以上设施蔬菜生产乡镇（街道）25个，500亩以上蔬菜生产村39个。强化设施农业建设，制定出台《大连市设施农业现代化提升行动方案（2023—2025年）》，通过提高科技创新水平、加强土地政策支撑、统筹奖补资金使用、培育农业经营主体，进一步扩大全市现代设施农业规模，2024年全市设施蔬菜面积达8万亩，产量占全市蔬菜总产量的34%，有力保障了“菜篮子”稳产保供能力。多渠道布局外埠蔬菜直采基地，建立产地与外埠互为补充的蔬菜源头多元供应体系，以产销协作方式与山东寿光、辽西等蔬菜生产基地建立订单式合作关系；结合种植茬口、季节等因素，与北京新发地、河北高碑店等农产品批发市场建立长期稳定的购销合作关系，开展多样化直采业务，储备蔬菜货源，满足市民不同时段的购菜需求。

大连市金普新区华家蔬菜基地大棚

三、拓渠道、扩终端，压减蔬菜流通成本

大连市持续加强政策支持，打造社区菜店一刻钟“便民圈”。积极推进

平价菜店及公益性蔬菜零售网点建设，相继投入近1200万元提升改造188家“菜篮子”零售网点，截至2024年全市“菜篮子”零售网点达6796个，平均每个社区4.21个。大连市政府加大政策引导，铺设100个平价菜店和100个公益性蔬菜零售网点，支持其纳入统一采购、配货体系，通过降低运营成本让利于民；在偏、高、远地区动态配置可移动蔬菜直通车87个，免除蔬菜直通车摊位铺设费用，降低蔬菜销售价格10%～15%，缓解市民“买菜难”“买菜贵”问题。打造“国企+村集体+合作社+农户”直采直供模式，数字赋能蔬菜流通体系。由市属国有企业农渔集团牵头建成蔬菜供应链一体化智慧平台，疏通生产端、流通端、销售端、金融端、追溯端各环节，直接对接大型蔬菜生产基地，建立订单式产销合作关系，采购应季新鲜蔬菜直接进入大连终端市场，实现地产菜“地对口、田到桌”，最大限度减少流通环节，有效降低菜价。

四、常监测、严调控，强化蔬菜应急供给

大连市强化蔬菜价格监测，及时采取措施保供稳价。发改、商务、农业部门每日监测蔬菜市场及产地价格信息，紧盯价格异常波动。2024年8月，监测到蔬菜价格上涨明显后，市商务部门立即督促双兴和南关岭批发市场、大型商超、大型连锁生鲜超市做好与蔬菜产地信息互动，准确掌握本地及外埠蔬菜上市时间，抢抓一手货源，并将主要批发市场采购对象扩大到内蒙古、吉林、河北等全国多地，有效平抑了本地蔬菜价格。完善蔬菜储备制度，按照中心城区人口500万人、每人每天0.3千克蔬菜计算，保证5～7天消费量的标准建立蔬菜储备制度。储备方式以中心城区储备为主，同时发展近郊产地储备，加大用地供给审批力度，支持产地地窖、冷藏库等仓储设施建设。完善重点时段市场供应制度，建立覆盖生产、流通、销售等各领域的重要生活物资保供企业联系机制，确保在发生极端天气等特殊情况下切实保障“菜篮子”产品供给。不断优化“菜篮子”应急保供队伍，建立包含14个市级储备企业、13家生产加工企业、91个保供网点和71个应急保供生产

基地的白名单。大连棉麻果菜批发市场、双兴商品城、新隆嘉和地利生鲜等42家重点企业被评为省级生活物资市场供应保障骨干单位。

五、防风险、强保障，农民增收和保障民生双促进

创新研发蔬菜特色险种，完成蔬菜价格保险、蔬菜瓜果大棚种植保险等2个险种研发及实施，填补了大连市蔬菜保险空白，保障了菜农蔬菜生产基本收益，充分发挥了保险风险防范作用。市农业农村部门与7家主要银行签订战略合作协议，争取金融授信2050亿元，重点支持“菜篮子”稳产保供等乡村产业发展，鼓励金融机构创新面向蔬菜生产合作社、家庭农场等新型农业经营主体提供普惠金融产品，2024年上半年实现果蔬种植贷款30.37亿元，有效破解融资难、融资贵难题。落实鲜活农产品绿色通道政策，保障重点物资运输，市级应急运输保障车辆79台、总吨位1500吨，满足各类应急运输需求。

大连市杏树街道沙家设施蔬菜大棚

青岛：

打造一体化信息平台
强化市场监测调控能力

编者按：应用数字信息技术推动数字“菜篮子”高质量发展，是贯彻落实数字中国、数字强市规划部署，加快数字转型、强化数字创新、提升数字服务的重要举措。青岛市在“菜篮子”产品运行监测中，大力运用数字信息技术，创新多元场景，打造了数字化运行监测平台，有效助力“菜篮子”产品稳定安全供给。

2020年以来，青岛市强化数字场景应用，把“菜篮子”监测系统项目建设作为“菜篮子”产品保供能力提升的探索和实践，利用数字信息技术，对“菜篮子”监测系统进行了建设升级，形成了青岛市“菜篮子”运行监测平台，有效提升青岛市“菜篮子”市场监测能力。

一、立足场景需求，建立功能于一体的系统平台

针对本级“菜篮子”市场运行调控信息化建设的短板和弱项，立足多场景实际需求，搭建形成基于“二二四”系统平台框架，即集信息资讯、移动办公、储备投放、调控指挥等多功能于一体的“菜篮子”运行监测平台。“二二四”即两个模块、两大功能和四大板块。**“两个模块”**分别为PC端和手机移动端。PC端和手机移动端基于同一数据库，数据实时同步，主要以手机移动端应用为主。**“两大功能”**分别为运行监测功能和移动办公功能。运行监测功能，主要包括对蔬菜批发点、肉类批发点、肉菜商品零售监测点和储备企业，以及“菜篮子”商品上市量、价格和储备投放等情况进行监测分

析。移动办公功能，主要包括市区互动、公告通知、视频会议等。**“四大板块”**分别为信息资讯、移动办公、储备投放和应急指挥板块。信息资讯板块通过PC端和手机移动端了解“菜篮子”最新信息资讯，即时查看“菜篮子”价格波动、市场行情等资讯；可实时发布“菜篮子”价格波动、市场行情提示等监测信息，及时掌握最新“菜篮子”市场动态。移动办公板块建立PC端、手机移动端一体流程化办公，工作人员摆脱时间和空间束缚，随时随地掌握全市肉菜入市、流通、价格趋势、政府肉菜储备等情况。储备投放板块建立储备商品企业信息库，设立远程视频监控网络，支持在线实时对政府储备商品的收储在库、投放进度等动态监控。应急指挥板块具备预警功能，在“菜篮子”商品上市量以及价格涨跌幅度异常时，系统会发出预警信号。应急处置可召开视频会议，通过地图数据分布，实时掌握商品市场及投放点分布情况，迅速采取区域调剂、紧急调运、产销对接、投放储备等措施，维护市场平稳运行。

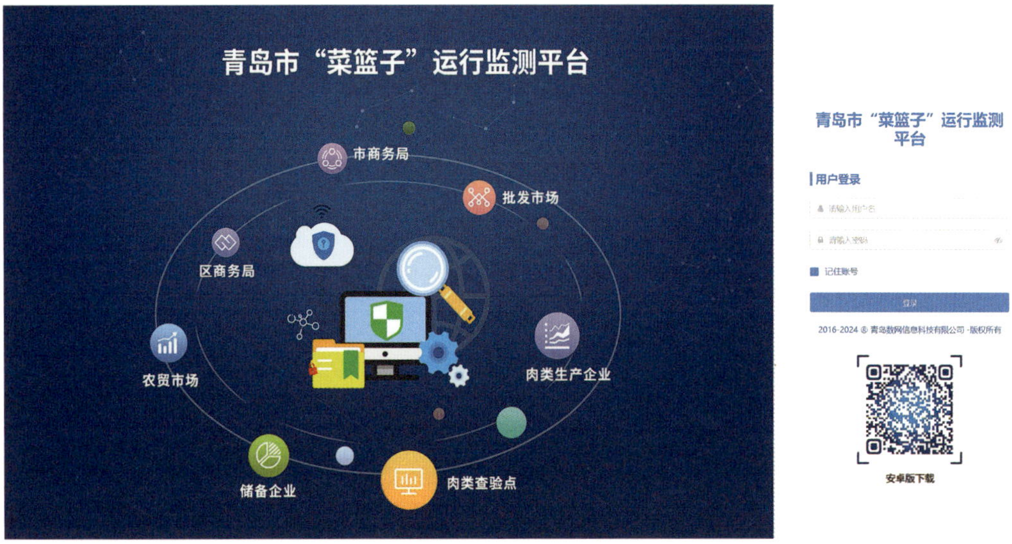

青岛市“菜篮子”运行监测平台登录界面

二、健全制度保障，确保系统平台规范有效运行

完善的管理制度是“菜篮子”监测系统规范有效运行的根本保障。**一是**

制定“菜篮子”市场监测系统数据报送工作管理办法，组织样本企业签署“监测数据报送工作承诺书”，保证每日信息采集定时保量完成。每日从各样本监测企业采集蔬菜、猪肉、粮油、水果、水产品等12大类96个品种的上市量、批发价、零售价等数据达4500余条。**二是**建立信息定时发布制度，规定每日10点前及时更新当天“菜篮子”市场运行监测情况及储备期内“菜篮子”储备任务执行进度，及时反映全市“菜篮子”市场供应及价格变动。**三是**建立定期巡查制度，每月组织对监测样本企业开展实地与系统报送数据比对巡查，确保数据真实有效，客观反映市场运行态势，每年对监测样本企业开展实地巡查达到550余家次。**四是**健全“菜篮子”应急响应机制，建立由各区市、监测样本企业、储备企业负责人及联络员组成的应急工作组，如遇突发情况，可随时报告，并根据工作需要召开视频会议，掌握调度有关情况。

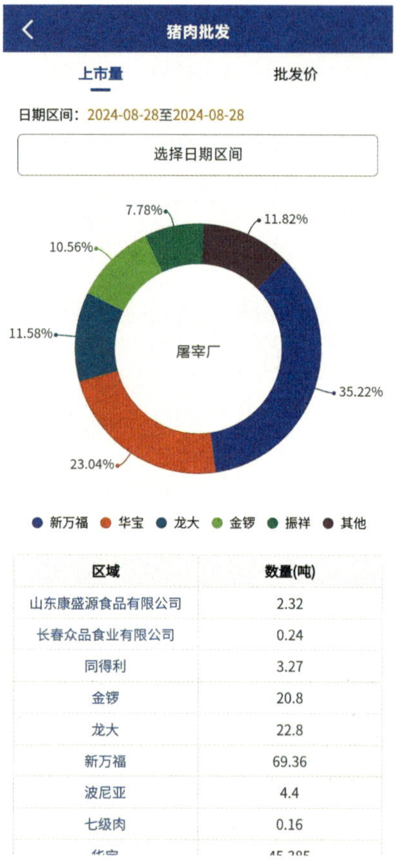

手机App监测肉品流通分析

三、与时创新发展，实现更广维度的迭代升级

自2020年“菜篮子”监测运行平台升级建设以来，坚持在应用中求创新、谋发展，不断进行功能完善和提升。**一是扩大监测范围。**“菜篮子”监测样本企业增至2大产地批发市场、6大销地批发市场和市区15个重点农贸市场、28个商场超市和省内外29家生猪屠宰企业，覆盖全市行政区域。监测系统手机App端及电脑PC端实现同步，监测企业可根据自身实际工作特点，自行选择数据上报方式。**二是建立信息共享。**建立与商务部生活必需品

监测系统信息共享对接，实现51家样本监测企业信息一次提报、两级系统共享，减轻了企业负担，提升了数据的及时性、准确性。与全市重要产品追溯体系相连接，共享四处肉品流通追溯服务点、肉品专卖店分布点及总体销售情况，可实时监测省内外29家生猪屠宰企业进入青岛猪肉销售情况及价格动态，每日监测猪肉上市量达200吨左右。**三是动态视频监测。**建立“菜篮子”商品储备动态管理机制，系统可随时查看政府储备商品收储开展进度、及时掌握收储投放的品种、数量及方向，实现储备精准化管理。在五大农产品批发市场、重点商超、农贸市场及储备承储企业，建立远程视频监控体系，可24小时随时监测市场保供运行情况及储备商品在库管理情况。

青岛抚顺路批发市场交易大厅

四、监测便捷高效，打造信息化应用的成功实践

“菜篮子”监测系统运行状况良好，大幅提升了“菜篮子”市场监测的及时性和准确性，在“保市场、稳物价、惠民生”方面发挥着重要作用，是

提升“菜篮子”市场监测信息化水平的成功实践，社会效益显著。**一是数据采集及时。**信息员能够及时保量完成当日数据上报，系统每天10点前定期更新数据，方便系统使用者及时了解“菜篮子”市场供应情况及价格变动情况。**二是统计分析便捷。**系统可根据样本监测企业报送的数据，自动生成蔬菜、猪肉等批发、上市量及其他生活必需品零售等各类数据分析图表40个，采用柱状图、折线图等形式，简洁直观地展现全市蔬菜、猪肉的上市量及批发零售价格走势情况。**三是信息发布及时。**系统支持发布公告，使用者手机端会第一时间收到推送提醒短信，方便使用者及时查看通知公告。**四是应急值守提效。**手机App提供通讯录功能，方便查询所有监督服务体系中人员的电话；支持即时通信，方便双方或多方同时沟通联络。

“菜篮子”商品储备投放点

太原：

全产业链发力　多措并举
提升稳产保供能力

编者按： 太原市坚持高站位部署、高质量推进、高效率落实“菜篮子”工程建设，聚焦“完善机制、风险防控、摸清底数、优化管理、联保联供”五个方面，抓好生产、流通、储备等关键环节，强化部门协调和跨区域合作，做到管理有方、监测有道、调控有力，全力保障“菜篮子”量足价稳。

太原市高度重视“菜篮子”工作，扎实落实“菜篮子”市长负责制，聚焦生产发展、市场流通、质量安全、调控保障等多方面、多环节，全面提高“菜篮子”产品稳产保供稳价工作能力，提升城乡居民的获得感、幸福感、安全感。

一、聚焦完善机制，加强统筹协调

太原市委、市政府高度重视“菜篮子”工程建设工作，成立了由市长任组长的“菜篮子”市长负责制工作领导小组，统筹协调推进全市“菜篮子”工程建设。**一是建立协调机制。**建立日报告、日会商、专班调度、信息共享等工作机制，坚持问题导向，紧急问题点对点及时解决、重要问题会商联动解决、难点问题专班调度集中解决。建立部门协调机制，定期召集市发改、农业农村、商务、市场监管、财政等部门会商研究，适时启动保供稳价工作调度，深度掌握本地供应、市场进销及库存、价格变动、政府储备等情况，合力推动“菜篮子”产品生产、市场流通和价格调控等工作落地见效。

二是完善应急方案。围绕部门职责、应急响应方式、跨区域联保联供机制等方面，制定完善《太原市“菜篮子”产品应急保供方案》，强化储备调节和调运能力，确保一旦发生紧急情况能够迅速启动相应措施。**三是强化政策支持。**从生产、流通、补贴等方面出台一系列调控政策，多渠道、多方式支持设施蔬菜和畜牧产业高质量发展、流通设施建设改造、批发市场提档升级、困难群众物价补贴等。

山西中部城市群农业农村局长联席会议暨“菜篮子”联保联供对接会

二、聚焦风险防控，抓好监测监管

充分发挥价格监测的“风向标”“晴雨表”和“助推器”作用，强化“检监”衔接的闭环机制，着力防范化解风险隐患。**一是卡实点位，实时监测。**发挥太原市价格监测认定中心作用，多点布设日报、旬报等多类型价格监测点，选取9个大型超市每旬对47种食品类商品价格进行监测。在“菜篮子价格信息公示专栏”发布“菜篮子”价格信息1.5万余条，累计上报价格监测数据15万余条，上报率、准确率均为100%，保证了各项价格监测任务的及时性、准确性。**二是紧盯关键，强化预警。**在重要节日期间密切跟踪“菜篮子”产品价格变化，关注低温雨雪天气等对生产供应的影响，及时发现苗头性、趋势性问题，第一时间报告预警，为市委、市政府科学决策提供重要参考。**三是综合监管，严格执法。**对批发市场、经营户实施100%建档管理，开展“链条式”综合监管，以批发市场为重点，统筹日常监管、监督抽检、专项执法力量，全力推进农产品批发市场食用农产品快检室建设运行，加大对农产品种植养殖环节、市场经营环节的抽检和巡查力度，严查哄抬物价等违法行为，确保农产品质优价稳。

太原市晋源区三家村设施蔬菜生产基地

三、聚焦摸清底数，做好供需分析

通过数据收集、市场调研、专题分析等方式，摸清底数，找准短板，精准发力，全力保障市场供应与价格平稳运行。**一是明确标准，测算消费需求。**重要民生商品类别数据以年度统计数据为主、行业调查数据为辅，主要食品消费量标准以统计部门发布的山西省城镇居民人均消费量为准，进行年均和日均消费需求量测算。**二是掌握底数，分析供需情况。**聚焦本地农产品生产供应的品种、产量、上市季节及去向等进行分析，摸排本地自给情况；

梳理成品粮油、冻猪肉、冬春蔬菜储备情况，摸排应急加工能力；根据13家重点保供监测企业常态下的日均进货量、销售量、商业库存量及主要来源地进行分析，确保保供稳价工作“底数”清晰；在掌握市场运行“常量”的同时调研了解消费者需求的变化趋势，及时调整生产和采购策略。**三是共同研究，强化结果应用。**市发改委会同财政、农业、商务、市场监管等部门就消费需求量和本地生产量进行对比，分析自给率，研判供需形势，研究提出对策建议，形成《太原市重要民生商品供需平衡分析报告》。

四、聚焦优化管理，规范保供基地

围绕认定条件及程序、监测管理等方面，扎实做好应急保供生产基地、运销主体、储备企业名录的建立与管理工作，稳固提升重要农产品应急保供和示范带动能力。**一是明标准。**从规模、产量等方面明确基地认定标准，强化蔬菜、肉类等应急保供生产基地建设；结合企业调运能力和业务范围情况，适时调整健全重点保供企业队伍，建立以批发市场、连锁超市为主的应

太原市阳曲县农港农业科技示范园

急保供运销主体名录；综合考量企业冷库储备能力、地理位置等，梳理筛选储备企业。**二是建制度**。建立并实施了《太原市市级冻猪肉储备管理暂行办法》和《太原市冬春蔬菜储备管理办法》，明确储备规模、储备运作方式和运营管理等，加大物资储备监管力度，全面落实储备计划，确保储得足、用得上。**三是强管理**。实行动态监测管理，建立竞争淘汰机制，对辖区内保供基地的生产、经营管理和产品质量安全状况进行监督检查，及时补充更新，做到有进有出。完善"菜篮子"产品市场保供机制，根据重要民生商品市场供需和价格运行情况，将储备物资适时投放市场，保障市场供应不脱销、不断档、价格稳。同时，发挥好流通主体"蓄水池"的调节作用，指导保供企业与供货单位做好对接，保障货源及库存充足稳定。

五、聚焦联保联供，强化区域协作

充分发挥山西中部城市群资源优势，开展务实合作，切实提升山西中部城市群"菜篮子"联保联供服务综合能力。**一是建立合作机制**。太原、忻州、吕梁、晋中、阳泉五市签订了《山西中部城市群"6+1"合作协议》，建立五市应急响应联动机制，共同搭建应急物资管理一体化信息保障平台，实施应急物资跨市应急保障，确保紧急情况下，应急物资及时调拨。**二是建立会商制度**。五市农业农村局定期召开局长联席会议，对农产品生产、流通、销售等情况进行研判，协调解决相关问题，深化跨区域合作保供。五市农业农村局签订了《山西中部城市群"菜篮子"跨区域联保联供合作框架协议》，建立中部城市群五市农产品生产基地联保联供名录。**三是强化产销对接**。连续两年开展"百万乡品进省城"活动，鼓励企业发展订单农业，组织农产品市场、企业等骨干流通主体与农产品主产地之间形成稳定的对接关系，适时加大跨区域采购力度，不断畅通农产品产销对接渠道，进一步丰富省城居民对多样化农副产品的需求。

呼和浩特：打好“组合拳”全面提升稳定安全供给水平

编者按： 呼和浩特市通过落实政策扶持、加大资金投入、强化科技服务等举措，全市农畜产品规模化生产发展迅速，科技含量提升，农畜产品供给稳定，市场流通顺畅，市民对“菜篮子”满意度逐年提升，探索走出一条“会耕、慧种、惠农、惠民”的“菜篮子”工程高质量发展之路。

近年来，呼和浩特市全面落实“菜篮子”市长负责制，加强“菜篮子”工程建设、加强政策支持、加大资金投入、强化科技支撑，建好“菜园子”、拎稳“菜篮子”，全方位提高“菜篮子”产品稳产保供稳价工作水平。

一、加强政策支持

一是贯通生产供给途径，定好供给民生图。实施《呼和浩特市关于促进蔬菜产业发展七条政策措施》，2021年起，市本级每年安排6000万元资金对设施农业新建修缮、育苗种植、种植保险等进行政策扶持。为落实《内蒙古自治区推进奶产业高质量发展若干政策措施》，市本级每年安排7000万元支持奶业发展。2023年，出台《呼和浩特市农牧业生产设施登记管理暂行办法》，为设施农业颁发登记证，拓宽设施农业融资渠道，推动解决经营者抵押贷款难的问题。**二是畅通市场流通渠道，划好供给民生圈。**持续开展青城惠民菜店建设，每年安排1000万元专项资金用于支持青城惠民菜店的建设运营。重点依托连锁商超、生鲜企业等市场主体在城区西部、老旧小区等区域布局青城惠民菜店，近年来年均建设60家，截至2024年共有约300家，让城乡居民买得便捷、舒心。建成美通、东瓦窑、保全庄、万惠4家大型农产品批发市场，年交易量约200万吨；拥有家家悦、北京华联、振华超市、永盛成等综合连锁超市门店45家，连锁便利店、生鲜门店稳定在1500家左右，已形成以大型农批市场为核心、便民市场和连锁超市为主导、便利店零售店为基础的三级农产品流通网络体系。**三是打通储备运输通道，搭好供给民生路。**落实“菜篮子”产品储备制度，完善调控体系，每年10月中旬到次年3月中旬，确保冬储蔬菜6600吨、猪肉540吨，满足城区常住人口5天左右的消费量。推动美通、万惠等企业建立应急保供制度。在稳定现有山东、河北等调运线路的基础上，2024年新增银川、西安等4条备运线路，并与包头、赤峰等地区建立蔬菜保障供应工作机制，确保“菜篮子”产品稳定供给。加强信息监测预警，用信息发布引导市场预期和市民合理消费，根据物价指数运行情况适时启动价格补贴联动机制，切实兜牢基本民生底线，守好“菜篮子”里的民生。

呼和浩特市中清公司数智农业大厅

呼和浩特市土默特左旗沁宇肉牛养殖场

二、加大资金投入

2021年起，市本级连续三年投入1.4亿元以上，用于保障“菜篮子”产品供给，共争取自治区支持设施农业发展资金2200万元。各旗县区立足自身情况，积极整合乡村振兴衔接资金、债券资金等，大力发展设施农牧业。其中，清水河县浑河滩智能温室项目就是通过申请乡村振兴衔接资金、债券资金、设施补贴资金，按照“国有企业+龙头企业+农户”模式进行建设运营，探索出一条极具借鉴意义的新型设施农业建设之路。积极招商引资，主动对接区内外龙头企业，多方联动激发社会资本、金融资金投资农牧业。2023年，全市设施农业项目投资达到15亿元，建成赛罕区嘉仕、清水河县中清、土默特左旗金旺等基地，全市农牧业规模化发展势头迅猛。

三、强化科技攻关

坚持新质生产赋能“菜篮子”工程，“十四五”以来全市备案自治区科技特派员工作站17家，认定市级农业科技示范基地36家，安排市本级科技计划项目51项，其中重大科技计划16项、应用研发科技计划35项，投入专项经费约4000万元，为农业现代化发展注入强劲动能。2023年，呼和浩特市获得“世界乳业科技之都”“中国奶业育种之都”称号，农牧业科技创新实力不断增强。2022年，中国农业科学院北方中心落户呼和浩特市，和林格尔县与中国农业科学院蔬菜花卉研究所共建内蒙古冷凉蔬菜试验站，聘请全国冷凉蔬菜专家、全国优秀科技特派员关慧明作为蔬菜产业发展顾问，为全市蔬菜产业发展出谋划策。2024年，呼和浩特市公布农牧技术“揭榜挂帅”项目，着力解决蔬菜地方品种保护、蔬菜全程机械化生产等产业发展中的“卡脖子”问题。组织召开科技助力首府农牧业高质量发展研讨交流会，邀请国内顶尖专家和科研首席为农牧业发展建言献策，助力设施农业高质量发展。

呼和浩特市赛罕区智能化大棚阳光玫瑰葡萄套种菠菜

四、夯实人才支撑

采取“线上、线下”“走出去、请进来”等多种形式开展人才培育工作，2023年举办培训70余期，培训学员1500人次。结合“看禾选种”、重大技术协同推广等项目，现场观摩培训专业技术人员、种植大户630余人。开展基层农技推广人员脱产培训9期，培训农技人员214人。科技特派员开展技术培训、生产指导300余次，培养一线技术人才200余人。每年组织选派29名“三区”科技人员开展技术服务，其中博士、硕士研究生及高级职称人员占90%以上，服务覆盖全市9个旗县区、20多个乡镇、50多个村，累计引进新品种47个，推广新技术27项。2023年，组建科技特派员团队52个，其中设施农业团队36个，技术服务覆盖90%以上的设施农业基地，通过“专家+团队+农户”的模式开展常态化农业科技服务，带动周边园区基地农户实现技术上的发展和效益上的增收。

呼和浩特市武川县万亩蔬菜生产基地

长春：创新模式升级产业为稳产保供增添底气

编者按： 长春市在政策支持、财政投入、科技支撑、金融助力、管理创新等多方面发力，全面提升“菜篮子”产品生产发展、市场流通、质量监管、调控保障能力，有力保障了“菜篮子”产品稳定安全供给。

近年来，长春市高度重视“菜篮子”工作，全面落实“菜篮子”市长负责制，从政策、科技、金融、监管等多方面发力，提升蔬菜、肉蛋奶等“菜篮子”产品稳产保供稳价能力，增强了城乡居民的获得感、幸福感、安全感。

一、政策引领，产业发展成规模

近几年，依托国家、省级棚室建设及生产能力提升扶持资金，长春市棚膜规模不断壮大。截至2023年底全市温室、大棚面积发展到17.9万亩，规模化园区面积3.5万亩，30亩以上省级规模园区256个，其中53个重点园区获评省级“菜篮子”产品保障基地。2023年新建棚室6206栋、面积9392.88亩，其中30亩以上省级规模园区18个，面积1446.71亩。改造老旧园区25个、棚室377栋，面积671.68亩。棚膜西红柿、豆角、葡萄、甜瓜等已成为很多乡镇的支柱性产业，产品更是远销广东、浙江等省份，也带动了农民增收致富。实施吉林省“秸秆变肉”等项目，继续推进畜牧业发展，2023年全市生猪年出栏718万头、肉牛年出栏75万头、肉羊年出栏76万只、家禽年出栏2.7亿只。

长春市榆树市五棵树镇蔬菜生产基地

二、科技赋能，产业发展添动力

新技术、新材料、新结构的发展，为长春市设施棚室建设带来了新动力。**一是在建造材料上，**采用热熔涂塑、热镀锌技术制成的冷轧矩形钢管做主体建设材料，其具有良好的抗压、耐腐蚀特性，新建棚室使用年限增长，灾害抵御能力提升。**二是在棚室设施上，**广泛普及电动卷帘机、水肥一体化、二氧化碳发生器等先进的生产设施，远程物联网监控技术也得到了充分运用。**三是在生产技术上，**对茄果类嫁接、测土配方施肥、微滴灌、粘虫板、太阳能杀虫灯等先进生产技术开展了深入应用。通过不断总结经验，将春秋棚室因地制宜以东西偏西为建设走向，最大程度提高了采光率。同时采用每栋大棚设一个工作间，每两栋大棚建一个连体育苗温室，工作间与温室通过内置门相连通，共用一眼电机井的大棚棚型，延长了棚室生产时间，提高了生产效率。

三、金融助农，产业发展增活力

通过搭建融资对接平台、持续开展整村授信等举措进一步完善农村基础金融服务体系，多维度、多角度调度驻长春金融机构资源，探索扩大农村融资途径，推动金融政策、金融产品精准对接涉农市场主体，为农业产业保驾护航。**一是积极搭建融资对接平台。**2023年以来，长春市多部门联合先后举办“支农支牧金融大集”“金融惠农助丰收”“走村串户”系列活动等20余场政金企现场对接活动，有效覆盖农业全周期全领域，为涉农主体提供银行、保险、担保等一条龙现场服务，为“当好国家粮食稳产保供‘压舱石’”提供强有力的金融支撑。截至2024年5月底，全市涉农贷款余额2364亿元，同比增长9.0%。**二是持续开展整村授信工作。**针对农民融资难的问题，鼓励银行机构下沉服务重心，通过整村授信方式为家庭生产提供“备用金”，根据需要随时启信，极大地提高了农户贷款的可得性和便捷性。截至2023年底，累计建成信用村3593个，预授信户数13.12万户，共放款31.64亿元（含惠农

长春市榆树市八号镇北沟村春茬西红柿

e贷白名单放款2.79亿元）。**三是推动基础金融服务体系进一步完善。**积极指导农村基础金融服务站完善金融服务种类，做好田间地头的金融服务工作。截至2023年底，全市6个县（市）区已建成县域金融基础服务站6个，村级金融基础服务站1670个，其中2023年新建196个，平均覆盖率达98%。

四、创新模式，抱团经营增底气

为解决一家一户分散经营难题，以新型农业经营主体为抓手，推动建设富有活力的经营体系，如“党建引领型”“合作服务型”“三产融合发展型”，鼓励各类新型经营主体引导种菜农民走合作发展道路。充分发挥村级组织带动作用，大力发展蔬菜产业，改变过去人多地少、收入低的状况，闯出一条依靠村级带动组织、合作社引领经营、强村富民的乡村振兴之路。合作社提供用地串地、融资贷款、生产资料零利润购销服务、新品种新技术推广应用、产品信息发布等事宜，为农户解决了后顾之忧，使棚膜园区的建设管理更为科学高效。公主岭市怀德镇三里堡子村在村委会的组织带领下，依托农业合作社，吸收周边农户，抱团发展棚膜经济。三里堡子村实行党员干部先行先试，从日本引进香葱种植技术，确立了“集中连片，统一标准，滚动发展，梯次推进”的发展思路，实行统一采购生产资料、统一制定植保标准、统一提供技术服务、统一使用品牌标识、统一组织经营销售的“五统一”管理。截至2023年，三里堡子村蔬菜种植专业合作社共建成智能育苗温室1栋、蔬菜大棚1165栋、温室125栋，全村蔬菜生产面积218.4公顷，占耕地总面积的60%以上，年产香葱4万多吨，年产值达2亿元。

五、监管有力，质量安全有保障

强化农产品质量监管，建立健全乡镇农产品质量安全网格化管理体系。按照“区域定格、网格定人、人员定责”的网格化监管原则，建立完善食用农产品规模化生产主体名录和监管人员名录，对规模以上生产主体设立公示牌，明确乡镇网格监管员、村级协管员及其职责，推进网格监管规范实施，形成市、县、乡、村四级网格化监管体系。开展“千人批次”定量检测，加大对全市生产蔬菜、水果、食用菌和水产品的抽检力度，把日常监管和例行监测、专项监测、监督抽查等有机地结合起来，加强了对重点品种、重点区域、重点时段的监测工作。在“菜篮子”产品质量监管环节，长春市持续开展“千人0.9批次”定量检测，加大蔬菜、水果、食用菌、水产品及畜产品的抽检力度。采取日常监管和例行监测、专项监测、监督抽查相结合的方式，对重点品种、重点区域、重点时段进行强化监测。2023年，共完成农产品抽检样品12294个，其中蔬菜、水果、食用菌、水产品7694个，畜产品4600个，分别完成“千人0.9批次”“千人0.5批次”的任务指标。在秋菜上市前，市农产品质检中心对地产秋菜全面开展速测筛查，共抽检样品2800个，合格率为100%。

长春市公主岭市三里堡棚室香菜种植

杭州：
“五端”协同推进 全面提高稳产保供能力

编者按： 杭州市全面落实“菜篮子”市长负责制，生产端、流通端、消费端、管理端、服务端全方位发力，有力提升了“菜篮子”产品产量、销量、质量，让杭州市民“菜篮子”拎得更好更稳当。

近年来，杭州市深入学习贯彻习近平总书记关于“三农”工作的重要论述，压紧压实“菜篮子”市长负责制，全面提升“菜篮子”工作水平。2023年，全市蔬菜、水果、肉类、水产品、禽蛋、牛奶等产品总产量近500万吨，自给能力显著提升，呈现供给充足、品类丰富、质量可靠、价格平稳的良好局面。

一、生产端发力，紧盯“菜园子”产量

守好群众“菜篮子”，关键在于建好“菜园子”。**蔬菜方面，**杭州市财政每年安排专项资金2000万元以上，连续十多年支持蔬菜基地建设，重点扶持基地道路、沟渠、标准化大棚、喷滴灌设施等建设，累计建成市级高标准蔬菜基地134个。其中，2023年市财政专门安排8400多万元，重点打造临平现代农业产业园、钱塘蔬菜共富农场等6个蔬菜设施规模500亩以上、日产蔬菜能力超1万斤*的高效生态农业示范园。全市蔬菜播种面积154万亩，总产量358万吨，同比分别增长2.4%和2.6%，面积、产量连续多年保持全省

* “斤”为非法定计量单位，1斤＝500克。——编者注

首位。**畜牧方面，**以生猪产能提升、湖羊产业集群建设和蛋鸡规模化养殖为重点，推动畜禽养殖场改造提升，牢牢守住防疫安全底线。2023年，全市生猪出栏144.84万头，同比增加10.32%；家禽出栏1117.92万羽，同比增加4.42%；羊出栏18.23万只，同比增加3.93%。**渔业方面，**坚持向技术要空间、向设施要产量的导向，2023年以来推广稻渔等新型综合种养模式20万亩，建成陆基设施化养殖圆桶1500个（单个年产5000斤以上）。2024年，淡水产品产量19.3万吨，同比增长3.75%。

杭州市高效生态农业示范园

二、流通端发力，紧盯"菜摊子"销量

农产品"从田间到餐桌"，关键是流通要顺畅。杭州市以农产品批发市场为中心，以农贸市场、社区超市、生鲜门店、便民菜摊和电商直销为纽带，织密流通基础网络。**在批发市场方面，**建成规模以上农产品批发市场16家，持续推进批发市场和农贸市场的升级改造，强化市场供应能力和公益属性。**在电商直销方面，**叮咚买菜、盒马鲜生等新流通业态快速成长，把平

价菜店开到了居民家门口，新鲜蔬果做到“朝采夕至”。实施“村播成长计划”，全市村播从业人员超过1600人。与阿里巴巴、网易等达成战略合作，建设“网上农博”杭州馆，入驻商家1500多家、商品4500多款。2023年，全市实现农村电商交易额190亿元。**在产销对接方面，**连续20多年举办杭州市优质农产品展销会，每年组织上千家企业、上万种农产品参展。引导农业生产经营主体参加农社、农超、农校对接等多种类型的产销对接活动，不断拓宽销售渠道。建立重点生产主体和重点保供产品白名单，保障“菜篮子”产品等重点物资运输通畅。

杭州市明康汇生鲜一号物流园

三、消费端发力，紧盯“菜盘子”品质

杭州市努力满足市民从“吃饱”向“吃精、吃鲜、吃好”转变的要求，在保障“菜篮子”产品供应充足的同时，更加注重提升产品的品质。**在品牌引领方面，**坚持市场导向，鼓励支持各类经营主体参与农业示范区、产业强镇、地理标志产品保护、农产品区域公用品牌建设，提升品牌价值。醉忆杭鲜、萧山本味、禹上田园、风味钱塘、富春山居、天目山宝、桐庐味道、千

岛农品等30余个特色农产品区域性公共品牌崭露头角，农产品区域公用品牌授权数达1510个。全市有31个农产品入选浙江省土特产百强榜。**在产品安全方面，**突出"菜篮子"基地，加大监测范围，改进抽检方法，开展农残兽残专项治理，实行农产品质量安全全链条监管，连续多年主要农产品省级例行监测合格率达99.4%以上。推进食用农产品合格证与"浙农码"融合，3445家规模主体全部纳入"数智农安"系统实行全程数字化溯源。**在叶菜保供方面，**在对开展应急生产的蔬菜生产基地给予每亩500元补助的基础上，大力发展山地蔬菜，建成了临安区"浙西雪乡"等一批高标准山地蔬菜示范基地，夏季全市山地蔬菜日均供应量约1000吨，有效补充了蔬菜生产淡季的市场供应。

四、管理端发力，紧盯"菜篮子"安全

杭州市针对人多地少、自给不足的实际，全方位、多途径开发"菜篮子"产品资源。**在新技术攻关方面，**组建市、区两级产业技术创新与推广服务团队、首席专家工作室团队，围绕种业创新、高品质栽培、绿色防控等瓶颈问题开展科研攻关。近四年来，共投入1500万元，实施"菜篮子"产品技术创新与推广服务团队等项目14个，通过菜稻水旱轮作、设施蔬菜连作障碍综合生态防控等措施，推动蔬菜绿色高效生产。**在新品种推广方面，**通过引进筛选、试验示范、展示观摩，发布主导品种推介，将市场上认可度高、色彩和口感较为理想的优质蔬菜瓜果品种进行大面积栽种。**在新装备应用方面，**大力推进农业领域设施设备报废更新和建设提升行动，重点推广连栋大棚、内镶式滴灌管、新型覆盖材料，以及起垄覆膜机、播种机械、移栽机械、收获机械、成套环控系统等新装备。

五、服务端发力，紧盯"菜链子"增量

杭州市将超大城市的"菜篮子"产品供应作为一项系统工程，实施全链条的政策支持与服务保障。印发《杭州市高质量推进现代农业发展项目实施

方案》等系列文件，统筹整合涉农资金，细化支农政策举措，全面推进农业现代化和乡村产业发展。设立设施农业用地正面清单，明确“种植类设施不破坏耕地耕作层的，可使用永久基本农田，不需补划”等要求，保障了蔬菜设施生产用地。以头雁、农创客和技术能手培育为抓手，累计引育现代“新农人”3.3万人、农创客9646人、乡村职业经理人和乡村运营师87人，引进乡村运营团队67个，加快引育农业农村科技、农业生产经营、乡村电商促富等乡村“十路人才”，厚植乡村“人才森林”。强化联农带农利益机制，创新设立叶菜价格指数政策性保险，对参保主体给予保费90%的财政补贴，2023年落实市级财政补助980万元，共赔付2362万元，简单赔付率达217%，为农民收入加上“安全锁”。

杭州市淳安县共富联合体示范区

南昌：

全力以赴保供应
守好民生“基本盘”

编者按： 南昌市大力发展现代设施农业，健全完善市场流通体系，强化农产品质量安全监管，创新优化调控保障方式，全面提高“菜篮子”工作水平，“菜篮子”工程建设实现高质量跨越式发展。

近年来，南昌市委、市政府高度重视“菜篮子”工程建设，全面贯彻党的二十大和习近平总书记重要指示精神，认真落实党中央、国务院和省委、省政府关于推进“菜篮子”建设的决策部署，全力推动“菜篮子”管理体系运行、生产供应保障、市场体系建设、质量安全监管等各项工作，“菜篮子”产品数量明显增长、品种日益丰富、质量不断提高。

南昌市“菜篮子”产品应急保供生产基地

一、农业生产能力稳步提升

一是有效保障重要农产品供给。印发《2024—2025年南昌市蔬菜产业发展实施方案》《南昌市“菜篮子”应急保供基地认定与管理办法》等文件，从基地建设、主体培育、政策扶持等方面发力，全面提升蔬菜、畜禽、水产、蛋奶等重要农产品供给数量和质量，不断增强“菜篮子”应急保供能力。2024年上半年，全市蔬菜播种面积37.95万亩，产量83.85万吨，新增和改造设施蔬菜基地6694亩；生猪出栏120.4万头，6个生猪养殖场入选国家级、省级生猪产能调控基地，牛羊出栏5.49万头，家禽出栏3498万羽，禽蛋产量6.77万吨；深入开展水产绿色健康养殖“五大行动”，水产总产量20.97万吨，有效保障了南昌市民消费需求。**二是全面提升农业机械化水平。**坚持将加强农业机械化作为提升“菜篮子”产品生产能力的重要抓手，全市累计建立市级农机社会化服务中心19个，4家农事服务中心入选省级全程机械化综合农事服务中心名单。2024年上半年，共办理农机具补贴2774台，完成中央农机购置补贴资金4683.6万元，拉动农民购机消费1.75亿元。**三是加快推进农业产业化体系建设。**坚持“外引内培”两手抓，全市有市级以上农业产业化龙头企业423家。其中，国家级17家，占全省近1/4；省级133家，占全省近1/7。超亿元企业127家，其中百亿级企业4家，十亿级企业9家。全市上市农业产业化龙头企业达5家。大力实施“品牌强农”提升行动，全市共有绿色有机地标农产品173家企业、639个产品，其中绿色食品81家企业、277个产品，有机农产品88家企业、358个产品，地标农产品4个。安义县瓦灰鸡等7个农产品入选全国名特优新农产品名录，全市累计达14个农产品入选该名录；林恩茶叶等4个农产品入选中国农产品品牌目录，“南昌莲塘高粱酒”入选国家特质农产品名录。

二、农产品市场流通能力逐步提升

畅通市场流通通道，每年推动一批农贸市场标准化建设和升级改造，保障“菜篮子”产品高效流通。推进“互联网+第四方物流”供销集配体系建设，截至2024年底，4个涉农县区已建成乡镇供销集配站点60个，覆盖率实现了100%。优化批发市场布局，加强新型农产品市场集群建设，将城区“菜篮子”产品销地（小型零售商业）、集散地批发市场建设纳入国土空间规划，形成南昌市物流专项规划，全面提升农产品流通基础设施建设水平。推动零售网点建设，优化公益性零售网点布局，平均每个行政社区建有超过4个零售网点，且公益性网点占比超过20%。推进平价商店建设，全市共有农副产品平价商店74家，确保每天不少于12个品种蔬菜销售价格低于市场平均价格15%以上，为市民减轻“菜篮子”负担。提升鲜活农产品运输“绿色通道”政策服务水平，确保绿通车辆快速、便捷、高效通行。2023年绿通车辆共减免金额29481万元，涉及车辆共19.7万辆次。

三、农产品质量监管体系日趋完善

坚持“严管源头、减量投入、科学使用”的原则，强化农业生产全过程标准化管理。坚持把质量追溯作为优质农产品的“通行证”，着力构建“市、县、乡、村”四级监管体系，大力推进落实食用农产品合格证制度，同时实现乡镇快速检测全覆盖，引导农产品生产主体1532家应纳尽纳省级农安智慧监管平台接受监管，累计巡查巡检6130人次，开具“区块链溯源+合格证”460万余张，提升了全市农产品质量安全追溯水平，基本形成“全域监管一张网，全程追溯一条链，全面评价一幅图”的农产品质量安全大数据智慧监管和上下联动的网格化监管体系。建立优质农产品生产基地名录，加

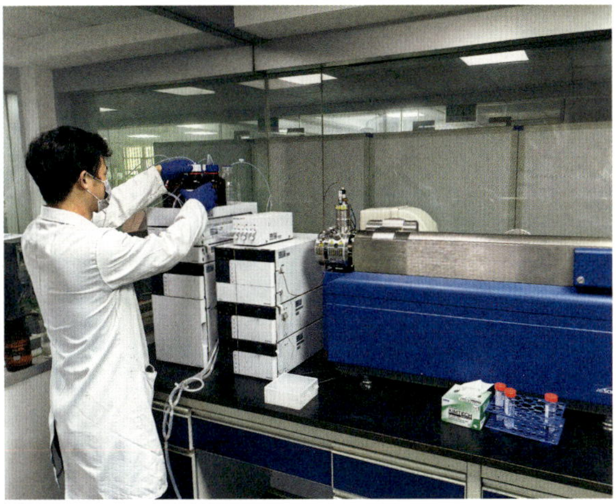

农产品质量安全检测

快实现由注重数量向注重质量、卫生和安全转变，真正让居民吃上“放心菜”“放心肉”，让“菜篮子”拎得安心、拎得舒心。

四、调控保障能力不断提升

研究制定重要民生商品价格调控机制实施方案，出台生产扶持、市场流通、价格补贴等相关政策30余项，从2018年至今共启动26次价格联动机制，共发放价格临时补贴1.36亿元，共覆盖全市困难群众约357.59万人次。建立信息预警和应急保供机制，建立“菜篮子”产品监测预警队伍和官网专栏信息发布平台，加强“菜篮子”产品分析预警，每季度开展常态化供需平衡分析，特别是在疫情期间，针对可能出现的抢购和哄抬价格等情况，及时引导市场预期，回应群众关切，维护市场价格秩序。出台《南昌市“菜篮子”应急保供基地认定与管理办法》，完善应急保供运销主体名录，确保“菜篮子”产品量足价稳，同时依托南昌深圳农产品中心批发市场，布局中转调运场所、临时集散点、应急商业网点，确保应急情况下公路交通不中断、应急运输绿色通道不中断、群众生产生活物资不中断。

南昌沁园农贸市场

武汉：
建机制夯基础 确保市场供给稳定

编者按：武汉市在推进农业农村现代化大局中，统筹抓好“菜篮子”工作，从健全工作机制、夯实产业基础、畅通供需渠道、完善应急机制等方面发力，全面提升“菜篮子”产品稳产保供稳价工作能力，有力保障“菜篮子”产品稳定安全供给。

近年来，武汉市坚决贯彻党的二十大和二十届二中、三中全会精神，认真落实党中央、国务院关于推进“菜篮子”建设的决策部署及省委、省政府工作要求，全面落实“菜篮子”市长负责制，坚持系统思维，创新方式方法，扎实推进“菜篮子”工程建设高质量发展。

一、健全工作机制，推动“菜篮子”工作落实

一是健全机制合力推进。成立了由市长挂帅，各市直部门和区政府主要领导组成的市“菜篮子”工程建设领导小组，推动工作落实。市政府主要领导定期召开会议听取工作汇报，分管领导多次亲自调研、召开专题会研究推进工作。领导小组办公室统筹推进，各市直部门、区政府按照职能各司其职，不折不扣地落实工作任务，协同推进。**二是政策支持全力推进。**“十四五”以来，全市投入12.38亿元用于“菜篮子”工程建设，撬动社会资本近100亿元投入生产建设。先后出台30余项政策，支持流通基础设施建设，降低流通成本。健全物价补贴机制，2022年发放3次物价补贴，对55.48万人次发放3785.96万元，有效缓解了困难群众的生活压力。**三是市场调控**

有力推进。建立了“政府+批发市场+零售端”的“菜篮子”产品价格监测队伍，形成日报、周报、月报制度，加强信息研判。加强“菜篮子”产品产地、产能储备，常年储备猪肉5000吨，年季节性储备量达1.24万吨。根据“菜篮子”价格波动和极端天气情况，及时投放平价菜、“一元菜”、储备肉，确保“菜篮子”产品量足价稳。

武汉市东西湖区石榴红村蔬菜大棚基地

二、夯实产业基础，提升“菜篮子”生产能力

一是推动“菜篮子”供给能力提升。强化技术指导，印发防灾减灾救灾应急预案和技术方案，指导做好极端天气防范应对工作。抓好田间管理和病虫害防治等措施，保障“菜篮子”产品生产。加强设施建设，建设蔬菜生产标准化基地，新建钢架大棚、连栋大棚1万亩，设施化面积13.4万亩。推动生猪养殖绿色发展，规模猪场200家以上。建设高效渔业设施40万立方米以上，提升生产能力。全市蔬菜播种面积280万亩，生猪出栏量190万头以上，水产品养殖面积65万亩，蔬菜、猪肉、水产品年产量分别达到840万吨、

15万吨、47万吨。**二是发挥数字农业作用。**推进武汉农业综合大数据平台建设，有效整合农业生产、农事农情、农产品流通等各类涉农信息，为企业生产赋能。全市建设蔬菜工厂10个、数字猪场19个、智慧渔场13个，数字蔬果茶面积50万亩。推广先进适用农机在种植养殖环节应用，累计建成综合农事服务中心22家，全市数字化服务面积230万亩。**三是推动农业品牌高质量发展。**制定市级农业地方标准121个，以种植养殖全过程生产技术标准促进农业生产，农业标准化生产面积达225万亩。支持农业企业申报“三品一标”，提升农产品品质，全市认证农产品“三品一标”达990个。打造洪山菜薹、蔡甸莲藕、汉南玉米等9个区域公用品牌，培育亚非皱叶菜等特色产品63个，提升农产品附加值，实现增效增收。

三、畅通供需渠道，促进“菜篮子”产销对接

一是拓展产销模式。组织生产、流通、商贸等主体开展“菜篮子”产品产销对接，近几年共举行对接活动150场。鼓励全市生产种植主体开展订单种植，订单种植面积10万亩，其中洪山菜薹、亚非皱叶菜订单种植面积分别

武汉市开展惠农帮销“早春行动”

为1.5万余亩、3000余亩。打通线上线下供应链渠道，线上对接新零售，线下对接机关、社区团购，推动农产品进入百姓家。**二是构建流通体系。**2021年以来，新建产地农产品仓储冷链设施160个，产地冷链设施库容量62万吨，用于解决错峰销售，打通“最初一公里”。推动白沙洲、四季美等批发市场提档升级，建设农产品中转接驳站3个、配送中心20个、乡镇中转仓79个、农村物流服务站1922个。全市建成零售网点2.03万个，公益性网点4248个，打通“最后一公里”。**三是创新消费场景。**支持打造线上批发市场、农贸市场的新型消费场景，实现“集市搬上网、网上逛菜场”。鼓励电商、流通、生产主体联合社区建设社区驿站5730个，推进“菜篮子”产品直供社区。推动国有商超建设零售场景752个，政府投资改建标准化农贸市场320个，零售网点2.03万个，建成了“15分钟便民生活消费圈”。

2024年春节期间提供平价菜销售

四、建立应急机制，保障“菜篮子”稳定供应

一是织密“菜篮子”应急保供“安全网”。制定“菜篮子”产品应急保

供实施方案，建立预警分级响应机制，完善各部门及区协同联动的“菜篮子”产品保供应急体系。建立“菜篮子”流通主体目录235家，其中应急主体目录120家，确保应急时调得出、用得上。严格落实“绿色通道”政策，做好流通服务工作，提高应急状态下的“菜篮子”产品运输调度能力。**二是建好“菜篮子”联动保障“稳定器”**。建设“菜篮子”产品保供基地423个，其中应急基地150个，保障“菜篮子”产品稳定供应。加强武汉都市圈城市合作，共建城市圈“菜篮子”联保联供基地48个，实施应急联动保障。制定应急状态下新城区对口支援中心城区方案，以蔬菜包、水产包、禽蛋包等“菜篮子”供应举措，保障市民基本生活需求。**三是筑牢“菜篮子”安全监管“防火墙”**。建立市、区、街道、企业“四级安全防线”，保障应急供应农产品质量安全。建立“菜篮子”安全监管联防联治队伍，加大市场检查力度，维护市场交易秩序，引导超市、农贸市场等企业在应急状态下明码标价、诚信经营。设立举报电话、信箱，接受群众监督，防止出现囤积居奇、哄抬物价的情况，确保“菜篮子”市场平稳运行。

武汉市“菜篮子”生产保供系列举措

长沙：
大力实施“菜篮子”提升行动 推动工作迈上新台阶

编者按： 近年来，长沙市严格落实“菜篮子”市长负责制工作要求，坚持把“菜篮子”工程作为重要的基础工程、民生工程、民心工程，全面提高全市“菜篮子”产品生产流通能力，质量监管和调控能力也持续提升，确保了“菜篮子”产品长期稳定供应和质量安全，彰显了省会城市的责任担当。

近年来，长沙市坚持以习近平新时代中国特色社会主义思想为指导，严格落实“菜篮子”市长负责制。2023年起全力实施“菜篮子”工程建设提升四年行动，有效保障了千万人口城市的“菜篮子”产品稳定安全供给。

一、强化科技支撑，提升生产效能

一是研发新品种，品质产量稳步提高。持续推进种业创新，加快建设岳麓山种业创新中心，培育各类种业企业143家。针对长沙市场需求，三年来共引进国内外和研发本地蔬菜新品种200个，保护和扩繁地方特色畜禽水产品种27个，辣椒育种能力保持全国领先地位。**二是推广新技术，生产能力不断提升。**作为“菜篮子”领域院士专家最集中地区之一，长沙市率先出台了《长沙市院士农业实施办法》，建成院士农业工作站（室）17个、院士农业基地12个，落地院士科研成果18项，发布院士团队领衔的蔬菜、生猪等新技术试验示范成果9项、制定行业标准6个。连续三年通过蔬菜生产“三新三高”试验示范，建立15个核心示范片、45个综合试验点，项目实施和示范带动面积4万多亩，最高亩产值达3.8万元，成功培育打造了花明楼红椒、高桥青香辣椒、浏阳早茄子、新丰菜心等一批特色高产蔬菜品牌。**三是发展新设施，产业基础不断夯实。**连续出台现代农业高质量高水平发展政策，大力支持蔬菜、畜禽、水产等设施化建设。近三年新建蔬菜钢架大棚195万平方米，有力提高蔬菜复种指数，年产蔬菜600万吨以上。建成万头标准化生猪养殖场77个，年出栏生猪370万头以上。发展设施渔业8万平方米，年产水产品12万吨以上。支持生产主体购买“菜篮子”生产设施自然灾害保险，对保险保费给予40%补贴，充分发挥了农业保险兜底性作用。

长沙市蔬菜三新三高试验示范成果——秋延后红椒

长沙市蔬菜三新三高试验示范成果——碧玉丝瓜

二、强化市场导向，健全流通体系

一是强骨干，科学布局大型农批市场。建设国家级和省级生猪产能调控基地74个，印发《长沙市商品市场优化升级专项行动实施方案（2022—2025年）》，大力实施红星商圈、海吉星二期、水渡河、大河西等全国成交量排名靠前的大城区综合性农产品批发大市场改扩建工程，全市大型农批市场已建成总建筑面积近250万平方米，构建了辐射全国25个省份的农产品流通体系，每年蔬菜、水产、肉禽等农产品吞吐量1200万吨以上。**二是优网络，梯次完善零售网点覆盖。**出台《长沙市一刻钟便民生活圈试点城市建设实施方案》，按照“政府引导、市场运作，创新服务、多元发展，市级统筹、区县为主”的原则，推进便民服务进社区、进居民点。将农产品市场建设规划列入《长沙市商业网点布局规划（2023—2035年）》，城区农贸市场、生鲜门店、社区菜店等零售网点稳步增长，农村地区已建设374个镇村级电商服务站点，打通农产品运输“最后一公里”。2023年全市农产品网络零售额达69亿元，同比增长41.7%。**三是扩渠道，逐步健全应急保供机制。**按照《长沙市生活必需品市场供应突发事件应急预案》，搭建“市—区县（市）—街镇—社村—重点保供企业”五级保供预案体系，建设了一支包含生产企业、重点批发市场、流通企业、电商平台、零售网点在内，覆盖生产、批发、物流、销售全过程的应急保供骨干企业队伍。在对口帮扶协作的龙山等省内其他8个区域，建立了20余个市外“菜篮子”保供合作基地，实现了市域间互补供应。

雨花区红星全球农批中心

三、强化数智赋能，打造“智慧农安”

长沙市打造智慧农安监管系统，实行农产品质量安全全流程监管。**一是主体信息数字化。**实现全市860家规模以上生产经营主体的位置、产能、信用等各类信息数据一键查询、自动统计。**二是生产过程可视化。**将蔬菜、畜禽、水产等108家龙头企业纳入监控，实现了24小时不间断实时监管。**三是检测结果公开化。**检测后出具二维码，15天内生产经营主体和广大消费者可以通过扫码了解检测结果、产品品质，大大提高了企业和广大消费者的知情度。**四是监测执法一体化。**系统对反应时间作出预警提示，明显提高了执法效率。如春节期间，在例行检测中发现1批次草莓不合格，从发现问题到处罚到位仅用6天时间。**五是信用等级差异化。**对全市860家企业逐一进行信用等级评定，并将信用等级与项目申报、资金分配、龙头企业认定等挂钩。

望城区蔬菜示范片智能温控大棚

四、强化精准调控，丰富“保供套餐”

一是完善机制。出台《关于完善重要民生商品价格调控机制的实施方案》《长沙市“菜篮子”市场供求及价格调控应急预案》等文件，打好“菜篮子”调控组合拳。**二是稳定储备。**制定《长沙市蔬菜动态储备管理制度（试行）》《长沙市市级储备肉管理办法》，保持冻猪肉储备4500吨、活体猪储备3万头，时刻备好平抑市场供求波动的“定心丸”。**三是监测预警。**实行重要民生商品价格“日报告、周分析”监测制度和“货比三家”公示制度，对十类重点“菜篮子”产品市场价格运行情况进行分析预测，牢牢掌握引导市场预期的主动权。

望城区千龙湖生态农业翘嘴红鲌养殖基地

广州：
聚力“五大”建设 探索“菜篮子”发展新路径

编者按： 广州市积极构建多元化食物供给体系，严格落实“菜篮子”市长负责制，狠抓大生产、大流通、大安全、大保障，为超大城市发展提供坚实“菜篮子”保障。

近年来，广州市深入学习贯彻党的二十大和二十届二中、三中全会精神，牢固树立大农业观、大食物观，全面落实“菜篮子”市长负责制，奋力做好超大城市“菜篮子”稳产保供工作，有效保障全市2000多万服务人口“菜篮子”品种丰富、品质优良、价格稳定，经受住了疫情及台风、暴雨等极端天气的严峻考验，受到广大市民群众的好评。

一、聚力体制机制建设，打造“菜篮子”工程“强引擎”

始终把“菜篮子”工作作为重大民心工程、重要民生实事抓牢抓实，市委、市政府主要领导多次深入“菜篮子”生产基地、批发市场等实地调研，指导推动“菜篮子”工程高质量发展。下好“菜篮子”稳产保供“先手棋”，在由市长任组长的市“菜篮子”工作领导小组的领导下，设立跨部门稳产保供工作专班，强化“菜篮子”产品监测预警、会商研判、协同联动等常态化工作机制，构建“平急结合”工作体系。建立对区“菜篮子”工作考核评价制度，纳入乡村振兴实绩考核，压紧压实市直部门及各区政府责任，全市“一盘棋”推进“菜篮子”市长负责制工作落实。

渔业产业园——番禺区名优现代渔业产业园建设

二、聚力自给能力建设，夯实“菜篮子”工程“基本盘”

牢固树立大农业观、大食物观，锚定都市现代农业强市建设目标，深入实施“穗字种业”振兴行动，持续推进都市农业设施化、数智化，以规模化生产提高“亩产”。建设百亩以上蔬菜种植场103个，创建市级以上生猪产能调控基地23个，连片50亩以上水产养殖场超1000个，国家级水产健康养殖和生态养殖示范区3个，2023年蔬菜、水产品、水果产量分别达414.1万吨、84.5万吨、48.4万吨。持续培优壮大“菜篮子”生产经营主体，培育农业产业化国家重点龙头企业17家、省级200家、市级430家，创建2个国家级、23个省级现代农业产业园。围绕岭南特色重点打造优质蔬菜、生态畜禽、现代渔业、北回归线荔枝等4条都市现代农业“菜篮子”产业链。农业农村部认定广州（南沙）农业对外开放合作试验区，广州荔枝、增城迟菜心等特色农产品远销海外。2023年全市都市现代农业总收入突破3000亿元，农林牧渔业总产值582亿元，同比增长4.2%。

三、聚力流通能力建设，铺建“菜篮子”工程“快速路”

以“政府培育市场，市场引导生产，生产适应市场”为原则，建好管好用好“菜摊子”，提升“菜篮子”服务市民便利度，形成“一级销地市场+二级销地市场+产地市场”的“7+14+7”“菜篮子”专业市场总体布局。推动广州江南果菜批发市场、黄沙水产市场转型升级。粤港澳大湾区“菜篮子”交易中心即将开工建设，聚力打造“卖全球、买全球”的国内外优质农产品交流、进出口交易平台。建成农产品产地冷藏保鲜设施38个、库容总规模约1.17万立方米，郊区产地和田头蔬菜、水果冷库库容约35万吨。发展订单农业，实施“互联网+‘菜篮子’”，畅通“菜篮子”产品“直销路”。成功承办全国农产品产地冷藏保鲜设施建设暨都市现代农业现场会，有力推动小农户对接大市场。

蔬菜设施——广东利泰智农农业科技有限公司的蔬菜设施大棚

四、聚力监管能力建设，织牢“菜篮子”工程“安全网”

坚决贯彻落实食品安全“四个最严”要求，坚持农产品质量安全“产管”两手抓，推动产地准出与市场准入有效衔接。完善市、区、镇（街）、村四级农产品质量安全监管体系，落实网格化管理；建立镇（街）级、村级网格1214个，网格监管员7529人；配置镇街专职农产品质量安全员500多人，每年安排1400万元经费保障；建成农产品质量安全检测中心、站、点319个，所有涉农镇（街）落实常规农药速测。落实部、省、市、区四级农产品质量安全抽检制度，本地生产环节农产品总体合格率超99%。全面推行承诺达标合格证制度，近两年有6900多家主体开具承诺达标合格证660万张；建立问题通报协查机制，推进食用农产品产地准出与市场准入有效衔接；推动承诺达标合格证等追溯信息向流通、消费市场等终端环节传递，实现“从农田到餐桌”全过程可溯源。

畜牧基地——越秀农牧花都生猪产业基地

五、聚力调控能力建设，筑牢“菜篮子”工程“稳定器”

不断完善“平急结合”工作体系，探索超大城市“菜篮子”稳产保供工作模式，稳步提升应急保障能力和保供应韧性。建立198家市级本地农产品重点保供企业“应急先锋队”、860家市级生活必需品重点保供“白名单”制度，实现“四级”联动保供。设立6个市级应急物资中转接驳站、50个应急商业网点、260家应急经销主体。组织货运企业22家、车辆220台，成立应急运力队伍，应急储备运力超1.16万吨。粤港澳大湾区“菜篮子”工程覆盖全国25个省（自治区、直辖市）139个地市（自治州），共同认定生产基地2400个，建设产品配送中心22个、通关便利区2个，跨区域合作共建、联保联供基础更牢。及时应对食品价格结构性上涨和应急情况下价格波动，适时平价销售“菜篮子”产品。用好价格调控体系，实现稳价惠民，切实发挥价格导向作用。建成全产业链“市—区—监测点”三级价格监测网络，服务生产消费，引导市场预期。

南宁：

促进产销精准对接 提升稳定供给能力

编者按： 南宁市因地制宜发展设施农业建好“菜园子”，加强冷链物流配套建设、促进产销精准对接拎稳“菜篮子”，加强价格预警，建立市级联保联供机制丰盈“菜盘子”，有力有效保障了全市“菜篮子”稳产保供和促进农民增收。

近年来，南宁市深入贯彻落实习近平总书记关于广西工作论述的重要要求，严格落实“菜篮子”市长负责制，在“菜篮子”产品生产发展、市场流通、质量安全、调控保障等多方面下功夫，全面提升“菜篮子”工作水平，保障了“菜篮子”产品稳定安全供给。

一、打造现代设施农业体系，大幅度提升“菜篮子”产品生产能力

一是市委、市政府高度重视设施农业发展，成立全市现代设施农业发展领导小组，市领导牵头组织，重点从用地保障、资金保障、生产技术、招商引资等方面下功夫，推动全市现代设施农业生产实现新跨越。截至2023年，全市规模猪场948个，其中万头猪场260个，10万头以上的猪场23个，113个万头猪场被列入国家生猪产能调控基地；蛋鸡规模化率超过95%，10万羽以上蛋鸡场23家。全市发展蔬菜水肥一体化设施约72万亩，简易棚约13万亩，设施蔬菜大中棚约0.8万亩。温棚类型由过去简单的小拱棚、塑料棚发展至连栋温室、智能温室等类型，设施栽培向水肥一体化、设施标准化提

升。全市有陆基养殖池近2000个，工厂化养殖水体超35万立方米，高标准工厂化鳗鱼养殖示范基地9个；市、县级现代渔业示范区7个。2023年，南宁市蔬菜产量757.29万吨、增长4.4%，肉类产量70万吨、增长5.95%，市民每日人均蔬菜、肉类占有量分别为2.35千克、0.22千克。**二是**积极争取各级财政资金支持，2023年、2024年共获得中央下达生产设施条件改善（设施农业）项目资金4665万元，安排项目27个，涉及设施蔬菜、设施畜牧、水果采后商品化处理及加工生产线、茶产业基础设施等方面建设。统筹市本级资金保障，2023年底统筹市本级财政资金1611万元用于青秀区、邕宁区、良庆区等示范点建设，2024年安排本级资金8800万元持续支持全市乡村振兴“6+6”全产业链建设，重点投入各类设施设备建设。

南宁市“菜篮子”生产基地——设施蔬菜大棚

二、加强产地市场及配套冷链物流设施项目建设，均衡淡旺季供给能力

一是推进马山县易地扶贫搬迁后续产业农产品交易中心、上林县农产

品集散中心、中农联·宾阳桂中农产品交易中心等产地市场配套建设，截至2023年底宾阳县、上林县项目已竣工验收并投入运营。**二是**持续开展“十个一”百姓满意星级农贸市场创建工作，2024年上半年，全市有4家农贸市场通过自治区市场监管局的初步验收。**三是**支持农产品产地冷藏保鲜设施建设，促进广西金桥国际农产品批发市场冷链设施升级改造，南宁农产品交易中心二期一区冻品、肉类市场D–1#冷库项目建设，支持重点县（区）建设农产品产地冷链集配中心，推动隆安县创建农业农村部首批农产品骨干冷链物流重点县。补齐冷链物流建设短板。截至2023年底全市共建成投入使用冷藏保鲜设施838座，包括高温库、低温库、预冷库、通风库4个类型，共计库容达98.1075万立方米。

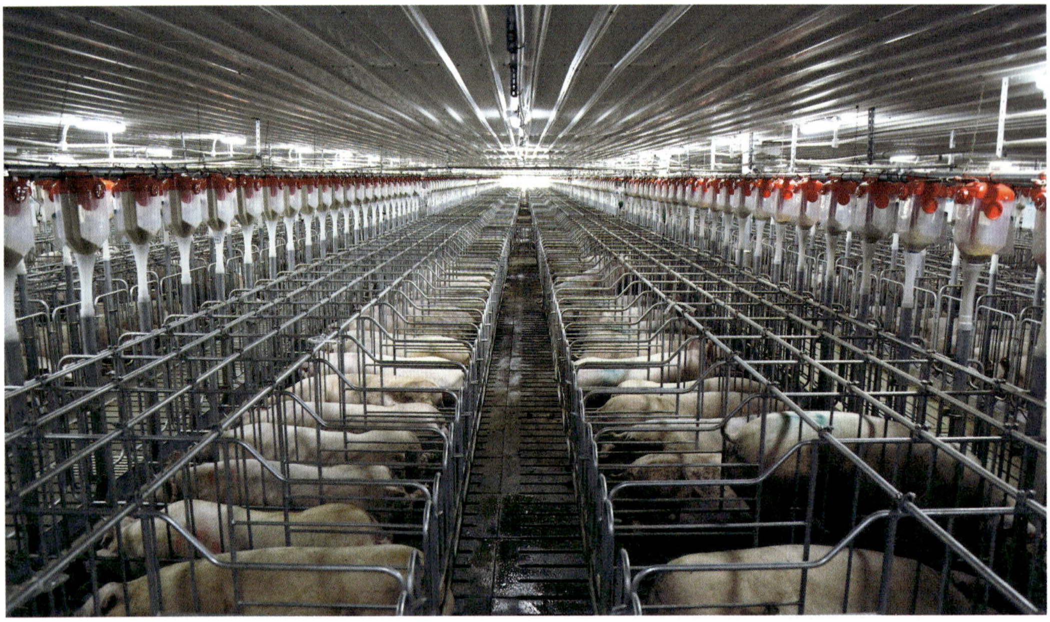

南宁市“菜篮子”生产基地——现代化生猪养殖

三、促进产销精准对接，拉近原产地“最初一公里”和消费端“最后一公里”距离

一是搭建高效便捷的农产品流通供销平台，创新南宁市“菜篮子”农

产品产销供应链体系，推动农产品“本地种、销本地”，组织威宁投资集团、南宁乡村振兴集团、南宁京东达资贸易有限公司、南宁美加美百货有限责任公司、北京华联综合超市有限公司、美团等市内、市外采购商与销售平台深入“菜篮子”主产区开展“走基地、看产品、谈合作”。**二是**向各县（市、区）征集大米、茶叶、蔬菜、肉类、水果等优质农产品175个，与京东开展“菜篮子”产品线上展销活动。**三是**积极引导电商企业、快递业在老旧城区开辟社区新门店，提升零售网点密度。动员企业通过直接投资、改造补助、供应保障等方式，结合新区开发，参与投资建设或升级改造全市公益性“菜篮子”产品零售网点，增加商业服务配套和门店网点。**四是**通过南宁农业官方微信公众号、南宁市农业农村局官网等平台定期推送规模种植园、农产品供应信息，为客商提供及时、全面的产销信息支撑，促进农产品销售。

南宁市“菜篮子”生产基地——陆基圆池养殖

四、加强价格预警，有效稳定市民“菜篮子”价格水平

一是持续夯实价格监测队伍建设，健全完善市场价格监测工作体系，建立由发展改革部门牵头，农业农村、商务、市场监管、粮食和储备等部门共同参与的保供稳价部门协同机制，加强对“菜篮子”商品市场供求和价格形势的会商分析，强化价格分析预警。截至2023年底，在全市20家以上农贸市场设立每日监测点，日监测品种涵盖粮、油、肉、禽、蛋、菜等65种“菜篮子”商品价格，形成各类价格调研文章28篇、价格监测信息286篇、价格形势分析报告132篇，为价格市场调控工作提供重要决策依据。**二是**积极推进实施农副产品平价商店建设项目，每天以低于市场价格15%以上的幅度销售15种平价蔬菜，并根据季节性生产和市场供需情况不定期调整品种。据统计，2013—2023年全市各平价商店共销售平价蔬菜达5410万千克，为市民减轻负担超过5315万元，对稳定蔬菜价格发挥了重要作用。

五、建立市级联保联供机制，进一步保障“菜篮子”产品供应

一是印发《南宁市“菜篮子”产品应急保供预案》，出台《南宁市生活必需品联保联供应急机制预案》等相关文件，建立健全包括“菜篮子”产品等重要生活必需品市场供应突发事件的预警和应急机制，有效预防并及时消除因突发事件引发的重要生活必需品市场异常波动，满足居民日常基本生活需要，维护社会稳定。**二是**召开保供稳价部门联席会议，市发展改革委、市财政局、农业农村局、粮食和储备局、市场监管局，以及国家统计局南宁调查队等单位共同参与研究部署下一阶段保供稳价工作措施。**三是**统筹安排冻肉储备、生猪活体等“菜篮子”产品储备资金，进一步发挥猪肉储备稳市场保民生的作用，确保建立政府常规储备，满足市场调控和应急投放需要。

贵阳：
“三联三创”打造惠民生鲜超市运营模式

编者按： 贵阳市委、市政府高度重视“菜篮子”工程，通过政府与企业双向发力、公益与市场相互促进、生产与销售有效衔接，不断完善农产品惠民供应链，加快形成“菜篮子”产品生产、流通、消费一体化公益性市场体系。贵阳市采取惠民生鲜超市“三联三创”举措，积极探索惠民生鲜超市微利运营模式，有效降低主要“菜篮子”产品价格，实现了农民得增收、市民得实惠、企业得发展。

贵阳市地处云贵高原腹地，山地多、耕地少，曾经“菜篮子”产品自给率低，流通环节多，价格较高。近年来，贵阳市采取政企联手创新建设机制、产销联结创新运行机制、多方联动创新监管机制等举措，积极探索惠民生鲜超市微利运营模式，形成“菜篮子”商品生产、流通、消费的一体化公益性市场体系。2021年2月，习近平总书记视察贵州省贵阳市社区超市工作时指出：“合力惠民生鲜超市的运营模式很有特色，以政府为主导，政府和企业联合，一头连着田间地头的农民，一头连着千家万户的市民，坚持保本微利经营，让农民和市民两头都得实惠，体现了合力惠民，这种模式和经营理念值得推广。”

一、坚持政企联手，创新互补共赢机制，加快推进惠民生鲜超市全覆盖

针对公益性菜市场投入大、收益小、社会投资积极性差、规划预留空间

不足等问题，贵阳市坚持政府主导，采取国有独资、混合所有、社会投资等方式，加快惠民生鲜超市建设。**一是强化政府主导优化布局。**坚持增量存量并举、新建改建结合，在新建、改建居住区选址建设惠民生鲜超市；充分利用已有超市、物业和网点，改建惠民生鲜超市。建成门店160个、面积23万平方米，基本实现城市居民“15分钟便民消费服务圈”全覆盖。**二是强化政策保障推动落地。**出台《贵阳市新建改建居住区公益性农产品零售网点建设管理暂行办法》，将公益性农产品零售网点建设纳入公共服务设施公建配套，明确新建、改建小区公益性农产品零售网点配建标准和无偿移交原则，网点竣工验收后3个月内，由政府部门按照有关规定办理移交手续。**三是强化企业主体投资建设。**广泛吸引社会资本参与合作，通过公开招标择优选择北京华联、合力超市等37家企业参与建设；在160个惠民生鲜超市门店中，社会总投资约3亿元、建成门店108个、经营面积17万平方米。**四是强化标准规范统一打造。**按照统一经营业态、门头招牌、服务承诺、价格公示牌、农残

惠民生鲜超市中罗甸县农产品销售专柜

兽残快速检测室、扶贫销售专区、管理制度等"七统一"要求，标准化打造惠民生鲜超市形象设计、业态规范，满足群众一站式购物需求。

惠民生鲜超市理货员正在上货

二、坚持产销联结，创新高效运行机制，全面构建"菜篮子"保供体系

针对"菜篮子"产品流通环节多、费用高、产销不畅等问题，贵阳市坚持系统思维，组建惠民生鲜超市管理公司，构建"基地—市场—终端"公益性农产品流通体系，让农民和市民两头得实惠。**一是建设基地保供应。**支持市农投集团通过援建、股份合作、产业招商等方式，重点在全省脱贫县区、结对帮扶县，投资63.91亿元、建设50万亩"菜篮子"产品基地，形成"龙头企业+基地+农户"的生产连接方式，常年供应35种、220万吨蔬菜，全力提升蔬菜自给率。**二是畅通渠道减环节。**建成贵阳农产品物流园和仓配中心，加强农批对接、农超对接，提高直采直供率，实现"最初一公里""最后一公里"高效连接，全面提升流通效率、降低流通成本。**三是补贴租金降**

成本。出台优惠政策，以10年为一轮合作期，对惠民生鲜超市门店予以租金补贴，市、区两级按1:1比例共同分担，补贴逐年“退坡”。2015年以来贵阳市累计补贴6.79亿元，补贴资金占总租金的74%。**四是综合平衡保微利**。确保惠民生鲜超市60%的面积经营“菜篮子”产品，其余面积由企业自主确定，通过高毛利快销品、外租区经营、门店动态平衡等实现“微利”，保证各门店可持续经营。

市民在惠民生鲜超市选购蔬菜

三、坚持多方联动，创新常态长效监管机制，确保公益惠民作用持续发挥

贵阳市采取定契约、定制度、定价格的方式，协同部门、联合媒体、发动群众，全面加强惠民生鲜超市监督管理。**一是精准管控稳价格**。每日采集主要农贸市场和贵阳农产品物流园的30种蔬菜、3种淡水鱼、猪肉、牛肉、禽蛋等价格。按照低于周边农贸市场15%～30%、略低于社会化超市的要求

制定指导价，并设置“1元蔬菜区”，保证价格平稳。2015年以来，通过平价销售累计让利于民约18.98亿元。应急情况下，企业按照政府调控要求，确保不断档、不脱销。**二是常态考核保长效。**出台《惠民生鲜超市考核实施细则》，实行一月一考核、一月一通报、一季一调度，现场考核惠民生鲜超市业态规范、食品安全、扶贫销售、环境卫生、服务监督、销售价格，淘汰连续3次排末网点。**三是广泛监督促落实。**坚持共建共治共管，聘请热心市民、邀请媒体记者进行监督，保障惠民工程的公益性。委托第三方机构开展验收评价，对经营状况不佳、服务能力不强、市民反响不好的门店督促整改或有序退出。

市民在惠民生鲜超市选购猪肉

西安：

扛牢保供责任 守好百姓餐桌

编者按：“菜篮子”工作事关市民群众一日三餐，是最大的民生工程、民心工程。西安市全面落实“菜篮子”市长负责制，构建工作推进机制，完善特色产业布局，有力保障了“菜篮子”产品稳定安全供给。

“菜篮子”虽小，牵系民生，装着民意；“菜盘子”不大，如何托得稳又丰，盛着民心。作为拥有1300多万常住人口的特大城市，西安市坚决贯彻落实习近平总书记历次来陕考察重要讲话重要指示精神，坚决扛起“菜篮子”稳产保供政治责任，不断完善“三区一带三基地13+6集群”特色产业布局，以“菜篮子”工程建设为统领，积极构建“一深化、四体系”乡村振兴推进机制，系统推进乡村发展、乡村建设、乡村治理工作体系，全力做好“菜篮子”等重要民生商品稳产保供。

一、高位统筹，坚持把“小菜篮”作为“大民生”，坚决扛稳“菜篮子”产品稳产保供政治责任

“菜篮子”拎得稳不稳，老百姓餐桌是否丰盛，是重大的民生关切。西安市构建了由市政府领导为负责人，18个市级部门、20个区县政府、开发区管委会组成的“菜篮子”工程建设机制，形成纵向到底、横向到边的组织领导体系。连续多年将落实“菜篮子”市长负责制作为《政府工作报告》重要任务，纳入全市年度重点工作和城市应急体系，年均投入超1.5亿元支持

蔬菜及生猪生产、肉菜流通追溯、重要商品储备。成立了西安国家中心城市“菜篮子”工程稳产保供全程可追溯城市联盟，形成区域联保联供格局。

西安市高陵何村蔬菜生产基地

二、压实责任，“菜篮子”供给能力显著增强，供给质量不断提升

随着生活水平的提高，人们对吃的要求不仅在于吃得饱，也更加追求吃精吃鲜吃好。西安市立足都市现代农业定位，在确保扎紧“粮袋子”的同时，将“菜篮子”工程纳入城乡融合产业布局，推进“菜篮子”产品稳产保供基地和“一区县一品类”蔬菜应急生产体系建设。出台《西安市加强耕地保护提高粮食安全保障能力实施方案》《西安市扎实推进都市型特色现代农业高质量发展实施方案》，从制度层面率先保障粮食和重要农产品稳定安全供给。建设西安农情监管平台，实现农业生产卫星遥感、监测预警等“空天地”一体实时动态调度监管。加快乳制品、蔬菜、猕猴桃3条百亿级和葡萄50亿级产业链、4个优势特色产业集群建设。突出抓好全市70家“菜篮子”产品生产基地和15家链主龙头企业提档升级，持续推进179家应急保供生产基地建设，实现了地产农产品长期有效稳定供给，有力保障了市民需求。

西安农投新建周至猕猴桃产业融合发展示范园

三、畅通堵点，流通效率不断提升，生鲜果蔬全年不断档

托稳百姓“菜篮子”，既需畅通交通“大动脉”，也要保证疏通城市内的物流“毛细血管”。西安市加快国家骨干冷链物流基地建设，建立了西南（云南—四川）、正东（山东—河南）、正南（海南—广西）3条全国蔬菜保供链。推进产销地批发市场建设，建成西部欣桥、雨润等综合类大型农产品批发市场、农贸市场、蔬菜早市、大中小型超市、蔬菜店及“菜篮子”保供网点有效协同的城市保供体系，15分钟便民生活圈愈加完善。认真贯彻落实便利货车进城、“绿色通道”等政策要求，完善高效率、低成本的鲜活农产品运输网络，确保市民餐桌一年四季不断档。

四、从严监管，打好质量安全管理组合拳，农产品质量安全水平稳步提升

“菜篮子”既要保数量、保多样，更要保质量。西安市充分发挥农产品全程控制管理体系完善的优势，坚持“四个最严”要求，协同推进追溯体系、智慧监管、诚信体系建设，持续强化农产品质量监管和农业综合执法。建立

健全市级、区县、镇街和基地监测室（点）“三级四层”农产品质量安全网格化管理体系，组建市级和8个涉农区县农产品质量安全检验监测中心，建设镇（街）农产品质量安全监管站129个，将全市1956家经营主体纳入市级追溯平台，58个食用农产品市场接入智慧农贸平台，1110个农产品实现可追溯，常态化监管措施实现全覆盖，农产品安全监测合格率长年稳定在98%以上。

西安市农产品农残实验室检测

五、强化预警，调控保障水平稳步提升，“菜篮子”产品量足价稳

“菜篮子”产品价格的平稳，关系民生福祉和民心稳定。西安市制定重要民生商品调控目录清单，坚持实施生产扶持、市场流通、物价补贴等系列调控政策，建立重点“菜篮子”产品监测预警队伍，着力强化信息监测预警体系和信息发布能力。推动构建了市、区、街道、社区四级蔬菜保供责任体系，在新冠疫情最为严峻的时刻，率先提出专项补贴蔬菜运输车，建立了“居民下单、商超配货、集中配送、社区工作人员（志愿者）送达”的闭环供应模式，基本实现了“菜篮子”产品应急保供全覆盖，成为全市常态化调控保障体系的有效支撑。

兰州：“四端”协同发力保障物丰价稳

编者按：兰州市严格落实“菜篮子”市长负责制，在生产端、流通端、质量端、调控端四端下功夫，大力发展现代设施农业，完善市场流通体系，强化质量安全监管，创新市场调控保障方式，全面提升“菜篮子”产品稳产保供稳价工作水平。

近年来，兰州市坚决贯彻落实党中央、国务院决策部署，全面落实“菜篮子”市长负责制，以市民消费需求为导向，紧盯蔬菜、生猪等重点产业，着力抓基地提标准、抓市场促流通、抓源头强监管、抓调控保供给，“菜篮子”产品保障供应能力稳步增强，市民满意度逐年提高。

一、狠抓增量提质，“菜篮子”产品生产能力不断提升

一是推进蔬菜标准化生产。持续推动千亩设施标准化示范基地建设，截至2024年9月累计建成超41个。2024年全市计划蔬菜种植面积100万亩，产量220万吨。全市蔬菜日需求量2000吨左右，供应分夏秋季和冬春季，夏秋季以露地蔬菜为主，日供应量达到11000吨以上，可满足居民正常消费需求；冬春季以设施蔬菜为主，日供应量约400吨，自给率为20%左右，日均调入量2500吨左右，缺口部分主要从云南、成都、广州等省份调运。**二是推动生猪规模化养殖。**加大生猪生产扶持力度，引导大型生猪养殖企业充分发挥其优势和带动作用，稳定能繁母猪和生猪存栏，扩大生猪出栏补栏，不断提升生猪产业化发展水平。2024年，生猪规模化养殖场达177个，其中万头猪场

22个，预计年饲养量达到108.3万头，年出栏量达58.8万头。**三是促进"菜篮子"产品多样化供应。**瓜类、鲜食水果、菜用马铃薯面积分别达到5万亩、12.97万亩、31.3万亩，产量分别达到11.27万吨、11.31万吨、33.0万吨。支持肉羊和禽类规模化养殖，预计2024年肉羊饲养量达到135.4万只、出栏量达53.7万只，禽类饲养量达485.8万羽、出栏量达239.4万羽，肉蛋奶总产量达到17万吨。

兰州高原夏菜生产基地

二、坚持建管并举，"菜篮子"产品市场流通能力持续提升

一是健全市场体系。加强规划引领，统筹推进大型农副产品批发市场、农贸市场、菜市场建设和提升改造，以中国·兰州农产品交易中心为牵引，带动辐射北龙口农产品批发市场、桃海市场、西固西部贸易中心等二级批发市场，与居民区菜市场、商超、蔬菜店、便利店等共同形成了主城四区四级保供体系。**二是推进冷链建设。**稳步推进全市"菜篮子"产品仓储保鲜冷链建设，着力解决产品流通"最初一公里"和"最后一公里"问题。截至2024年9月，共建成农产品仓储保鲜冷链设施436个，储藏能力达到36.5万吨，其中2024年新建冷库13座，新增储藏能力2.3万吨，农产品产地仓储保鲜冷

链能力明显提升。**三是强化产销对接。**销售端，夏秋季蔬菜大量上市，通过线上线下相结合的产销思路，推进全市近150万吨蔬菜销往京津冀、长三角、成渝、粤港澳等重点地区，弥补上述地区夏季蔬菜短缺的问题。需求端，积极对接南方市场，加大冬春季节“菜篮子”产品输入，有效解决冬春季蔬菜供应量不足的问题。

兰州百合增产栽培标准化种植试验基地

三、认真履职尽责，“菜篮子”产品质量安全监管水平显著提升

一是加强“菜篮子”产品质量安全监管。积极推行食用农产品合格证制度，强化质量安全督查，2023年完成千人1.7批次的定量检测任务，共检测样品7500例，检测合格率保持在98.5%以上。**二是加大“菜篮子”产品质量认证。**持续强化品牌培育力度，截至2024年9月，已申报国家级区域公用品牌4个、省级“甘味”农产品区域公用品牌7个、“甘味”企业商标品牌44个，创建省级农产品质量安全县1个（榆中县），全市“三品一标”认证产品达到450个。**三是健全“菜篮子”追溯体系建设。**依托省级农产品追溯平台，

打造"兰州农安"App手机端应用平台，构建四级农产品质量安全智能化监管追溯服务体系。截至2024年9月，全市共建立153个追溯点，其中市级监测中心1个，县区监测站9个，乡镇级检测室61个，生产经营单位基层快速检测站82个，基本实现对全市农产品质量监管及监测信息全收集。

四、持续健全机制，"菜篮子"产品调控保障能力稳步提升

一是压实"菜篮子"市长负责制。由市长牵头负责，分管副市长具体负责，各成员单位具体实施，定期召开联席会议，聚焦合力，协调推动建设工作。**二是落实产品生产流通扶持调控政策。**积极争取中央、省级资金，加大对组建科技服务团队、绿色有机无公害农产品认证管理、质量安全追溯体系建设扶持力度。认真执行省市社会救助和保障标准与物价上涨挂钩联运机制，近三年每年向困难群众共发放价格临时补贴约1500万元，受益人数达到56万人。**三是稳定菜篮子产品价格。**2024年主要民生商品市场供应充足，鸡蛋、蔬菜价格走势略有上升，猪肉、牛羊肉、水产品价格有升有降，总体价格基本平稳。**四是高效开展"菜篮子"储备工作。**2024年下达市级财政冻肉储备资金246.11万元，下达冬春蔬菜储备资金500万元，有效保障冬春季节蔬菜和肉品供应充足、价格平稳。**五是组建监测预警队伍。**市场监测预警涵盖猪肉、牛羊肉、蔬菜、水果等"菜篮子"主要产品，持续开展各品种信息采集、报送、分析预警和发布等工作。

永登七山羊养殖基地

银川：

强生产拓渠道筑防线 全面落实市长负责制

编者按：银川市严格落实“菜篮子”市长负责制，大力发展现代设施农业，拓展“菜篮子”产品流通渠道，强化“菜篮子”产品市场监管，扎实推进“菜篮子”工程建设，全面提高“菜篮子”工作水平。

近年来，银川市委、市政府认真贯彻落实习近平总书记关于“菜篮子”工作的重要指示批示精神，统筹抓好“菜篮子”生产、市场流通、质量安全监管、调控保障等能力提升工作，全市“菜篮子”产品产量持续稳定增加，品种日益丰富，质量不断提高，市场体系更加完善，有效满足了全市城乡居民的消费需求，居民幸福指数不断提高。

一、加强“菜篮子”生产能力建设

一是强化政策资金支持。全市抢抓“优势特色产业集群”项目政策机遇，积极申报“宁夏冷凉蔬菜优势特色产业集群”项目并批准立项，围绕强龙头、补链条、兴业态、树品牌，加快实施蔬菜生产基地建设、产业链优化提升、智慧生产示范、质量品牌提升、绿色发展示范、新型主体培育“六大工程”，以2亿元项目资金撬动11亿元社会投资，着力构建“两核・一轴・三片区”的冷凉蔬菜优势特色产业集群总体空间布局。**二是推进基础设施建设。**加快蔬菜基地、园区提档升级，改造提升一批标准化“菜篮子”生产基地，3年内新建设施温棚1185亩，改造提升老旧温室2759栋。支持蔬菜专业合作社、新型经营主体流转土地，发展适度规模化经营，累计建设冷凉蔬菜绿色高质高效示范基地95个，建设永久性蔬菜基地10.8万亩，全力保障城乡居民蔬菜供应。截至2024年，全市设施农业占地面积19.3亩，设施农业园区231个（500亩以上62个，1000亩以上43个），8个生产基地获得全国粤港澳大湾区“菜篮子”生产基地认证，认证数量居全区首位。**三是聚力打造产业样板。**大力发展“公司+合作社+种植基地+农户”“科研院所+企业+示范基地+农户”、村集体经济组织带动等多种基地创建模式，开展订单种植，推广新技术、新品种，应用水肥一体化、机械化作业、病虫害绿色防控等技术，使蔬菜种植从“一年一茬”向“一年多茬”转变，从粗放式传统种植转向标准化、规模化种植，打造产业示范样板，引领全市冷凉蔬菜产业快速发展。**四是推动标准化示范建设。**结合农产品“三品一标”行动，重点围绕绿色、有机和地理标志农产品，从品种培优、品质提升、品牌打造、标准化生产上下功夫。金凤区“宝翠西红柿”、灵武市“郝家桥萝卜”新获评2024年第一批特质农品和全国名特优新农产品。全市认证的绿色食品达到174个、有机农产品达到110个、地理标志农产品7个。打造现代农业全产业链标准化示范基地11个。

银川市贺兰县立岗镇先进村供港蔬菜种植基地

二、拓展“菜篮子”产品流通渠道

一是坚持“菜篮子”流通体系源头建设。加快打造“海吉星”“四季鲜”“小任果蔬”“新百物流”等农产品集散中心、价格形成中心、物流加工配送中心和国际农产品展销中心。2021年以来，争取国家、自治区县域商业体系建设行动项目、农产品市场体系建设项目、农产品流通体系建设项目、冷链物流项目等项目资金4400余万元，加强市域范围农产品批发市场综合集配中心、冷藏储运、废弃物处理和信息化等流通基础设施建设，“菜篮子”流通体系建设日趋完善。**二是强化“菜篮子”产品零售网点建设。**积极推进公益性“菜篮子”产品零售网点建设，鼓励社会力量参与“菜篮子”产品零售终端网点建设，“菜篮子”产品销售渠道进一步拓宽。同时，采取“线上下单、线下理货、点对点无接触配送”“社区代购、集中配送”等配送方式，满足全市各类人群“菜篮子”产品购买需求。截至2024年，银川市零售网点总数达1195个以上，公益性零售网点299个。**三是加强“菜篮子”产销衔接。**发布生鲜蔬菜分拣加工参考标准及流程，引导小企业和农户对初级农产品进行产后处理。推进冷凉蔬菜出国门，宁夏兴耘田现代农业开发有限公司的20个单品类、累计200吨蔬菜热销迪拜市场。聚焦牛奶供需矛盾突出问题，引进湖南晟牛公司建设鲜奶直供站20个，覆盖阅海万家等16个社区，累计销售巴氏鲜奶、酸奶6万余瓶。推动肉牛、滩羊产业持续高质量发展，支持宁源、福兴神农、边塞风等电商企业发展壮大，累计带动牛羊肉销售4300余吨，销售额1.79亿元。

三、筑牢“菜篮子”安全防线

一是“监督检查+培训约谈”，压实主体责任。对市场开办方进行多次培训约谈，督促市场开办方健全食品安全管理制度，完善入场销售者档案管理，落实入场查验制度。指导市场开办方配备食品安全总监、食品安全员，结合实际经营建立食品安全风险管控清单，落实“日管控、周排查、月调度”工作要求。运用全国食用农产品批发市场食品安全监管信息系统将农产品批发市场管理由传统纸质化向数字信息化推进，银川市4家农产品批发市场的1100家入场销售者已全部建立电子档案，并纳入“全国食用农产品批发市场食品安全监管信息系统”平台管理，通过信息化手段督促市场开办者依法开展自查。**二是“监督抽检+快速检测”，筑牢安全防线。**深入巩固食用农产品“治违禁、控药残、促提升”专项行动成果，坚持问题导向，聚焦高风险食用农产品类别，加大对农药兽药残留超标、重金属和微生物污染等问题突出的食用农产品抽检力度，以监督抽检与快速检测互为补充，严厉打击在市场销售过程中添加使用禁限用药物，超范围超剂量使用保鲜剂、防腐剂等食品添加剂相关违法违规行为。截至2024年，已开展食品安全监督抽检、专项抽检、“你点我检”等4499批次。免费为消费者快检3.7万批次，抽检合格率持续保持在98%以上，抽检公示率和不合格食品核查处置率均达到100%。**三是“日常监管+专项治理”，确保质量安全。**落实食品安全“四

银川市开展农产品质量安全抽检

个最严”要求，加大对批发市场、农贸市场、大中型超市、蔬菜店、餐饮单位、学校食堂等销售使用的瓜果、蔬菜、畜禽肉等食用农产品监督检查力度，针对不合格率较高的品种和经营者有针对性地加强监督检查，严防不合格食用农产品流入市场销售，累计查办食用农产品案件49件，罚款10.7万元。聚焦销售未经检验检疫、索证索票不规范、地理标志产品虚假宣传、价格违法等突出问题，全面推进肉及肉制品专项整治工作落实落细，公布典型案例5起。

中国工商银行：推广“菜篮子发展贷”助力实现稳产保供新成效

编者按：2024年3月，中国工商银行推出了“菜篮子发展贷”专属服务方案，为“菜篮子”保供生产、流通主体提供专属普惠金融支持。截至2024年9月，已向各地“菜篮子”相关经营主体提供贷款1454亿元，成功探索出金融服务“菜篮子”工作的新路子。

近年来，中国工商银行深入学习贯彻习近平总书记关于“三农”工作的重要论述，认真落实党的二十大和二十届二中、三中全会精神，学习运用“千万工程”经验，坚决扛起服务“三农”的重大政治责任，切实发挥好服务实体经济主力军作用，以金融支持“菜篮子”产品稳定安全供给。中国工商银行结合“菜篮子”生产经营主体自身特点和多元化需求，组织制定了集信贷支持、信息化建设、联合保供于一体的综合金融服务方案，指导各分支机构因地制宜、量体裁衣，形成了“标准+特色”“批量适配+多方协同”的金融服务支持模式。

一、深入调研，全面分析市场

“菜篮子”工程是为了保障我国大中型城市副食品供应而建立起的蔬果、肉蛋奶、水产品等生产流通服务体系。由于我国小农经济的特点，各地从事蔬菜、水果、畜禽等“菜篮子”相关产品生产的经营主体大多规模较小、集约化程度比较低，而且生产经营易受到异常天气灾害、农产品价格波动等影响，加之信息不对称等因素，传统信贷模式难以有效为其提供服务。中国工商银行组织对“菜篮子”保供市场经营主体、业务场景、市场规模、资金需求等进行了全方位深入调研。经评估，全国36个直辖市、计划单列市、省会城市的近1.6万家“菜篮子”保供基地经营主体资金需求规模超1000亿元，且暂无金融机构针对“菜篮子”工程相关经营主体提供专属金融产品和服务，金融需求较为迫切，市场空间较大。

中国工商银行托克托支行聘任托克托县120余位“金融副村长”

二、精准定位，打造专属服务产品

根据“菜篮子”产品保供基地生产经营特点和个性化需求，中国工商银行综合种植e贷、养殖e贷、供应链融资等存量普惠金融产品优势，于2024年3月在业内首家推出了“菜篮子发展贷”专属服务产品，贷款额度最高可达3000万元，贷款周期可长达10年，并支持“按日计息，按月结息，到期还本”“等额本金”“等额本息”“一次性还本付息”等多种还款方式。

三、因地制宜，打造特色区域产品

在总行标准服务方案的基础上，各分行针对“菜篮子”经营主体产品、资质、规模等方面的差异，创新推出了各具特色的专属融资产品，以更好满足客户融资需求。比如，深圳市分行针对“菜篮子”小微企业创新推出“兴农快贷”专属融资产品，产品推出不到半年，已实现投放超5000万元；河南郑州分行针对大型农贸批发市场——万邦国际物流城个体工商户融资需求，打造了“万邦贷”，为市场内1000余家“菜篮子”个体经营商户提供普惠融资支持。

河南中牟支行前往万邦农贸批发市场营销宣传“菜篮子发展贷”区域创新产品“万邦贷”

四、精准施策，打造特色服务模式

针对部分“菜篮子”经营主体所处地理位置相对偏远，但产业相对集中的特点，分行积极创新服务模式，实现金融服务的批量、精准、高效适配。内蒙古呼和浩特分行依托“金融副村长”服务模式，向土左旗只几梁村、城留村、苏卜盖村等10余个村颁发了“金融副村长”聘用证书，为“菜篮子”生产企业、农民合作社、农户精准匹配融资方案和产品，加快贷款投放进度。陕西渭南分行通过“整村授信”模式，为大荔县堤浒村41户冬枣种植户授信611万元，已经审批使用贷款农户35户、占比85.37%，贷款余额409万元。

五、多方协同，打造特色工作机制

针对“菜篮子”生产、流通以县域为主、上下游依赖性较强等特点，各地会同当地政府、核心企业，多方联动、协同发力，为相关经营主体提供更加优质的服务。比如，江西分行联合省农业农村厅共同下发了关于开展“菜篮子发展贷”推广活动的通知，建立省、市、县三级联系人机制，健全了覆盖124个县区、260余人的“菜篮子发展贷”结对联系人清单，充分发挥各级农业农村部门在政策、协调、信息等方面的优势，全方位做好“菜篮子发展贷”服务工作；安徽分行与安徽省农业农村厅、国元农业保险分公司等省级平台签订战略合作协议，各二级分行积极推动与当地农业局、农保分公司业务合作，政策、产业、消费三端协同发力，共同做好“菜篮子”金融服务支持工作。

截至2024年9月底，中国工商银行已完成各省份“菜篮子”保供经营主体的信息采集和走访营销工作。根据客户实际资金需求，中国工商银行已为其中近千家经营主体提供融资支持，贷款余额达129亿元。同时，中国工商银行为4万多家从事“菜篮子”生产、流通经营的相关主体提供融资支持1454亿元，取得了阶段性工作成效。

深圳现代农业企业助力乡村振兴专场对接会

二、都市现代农业工作典型案例

北京：
建设“农业中关村”推动都市现代农业高质量发展

编者按： 北京市通过强化顶层设计、优化创新创业环境、深化体制机制改革、搭建合作平台、强化科技赋能等政策举措，聚力建设“农业中关村”，打造具有全国引领力和全球影响力的农业科技创新中心。北京农业科技进步贡献率达75%、主要农作物耕种收机械化率达93.0%，农业科技创新综合实力全国领先，为都市现代农业高质量发展提供北京样板。

北京市委、市政府深入贯彻落实党的二十届三中全会、全国科技大会精神，高度重视科技创新，将农业科技创新纳入“四个中心”建设大局。2020年起，北京市借鉴中关村国家自主创新示范区发展经验，全力打造“农业中关村”，建设农业科技改革创新示范区，以建设农业中关村推动北京都市现代农业高质量发展。

一、强化顶层设计，健全工作推进机制

农业科技创新和成果转化应用能力是都市现代农业的生命力所在，是推动都市现代农业发展的核心动力。在农业农村部的大力支持下，依托科技人才优势，用好中关村国家自主创新示范区成功经验，重点在深化改革创新举措、集聚创新资源要素、加强核心技术攻关、强化政策协同、激发市场活力等方面发力，打造具有全国引领力和全球影响力的农业科技创新中心。先后出台《北京市推进农业中关村建设行动计划（2022—2026年）》《北京市关于

加快推进农业中关村建设的十条措施》等系列政策文件，多措并举推动农业中关村建设。成立由市委、市政府分管领导担任组长的协调小组，设立区级工作专班，成立专家咨询委员会，建立季调度和月通报机制。截至2024年已形成以平谷区为核心区，以海淀区、昌平区、通州区等为辐射区的“1个核心区+7个辐射区”错位发展新格局。

京瓦科技示范园区全景

二、优化创新创业环境，加速资源要素集聚

围绕创建国家农业高新技术产业示范区，在规划布局、集聚高新产业等方面加强投入。强化科技基础建设支撑，加快完善基础设施，农业科技园区路网、农业中关村学校、人才公寓等建设进展顺利。强化要素保障，面向科技领军人才设立投资基金1亿元，国家现代种业发展基金对农业中关村企业投资超2亿元。综合运用财政、金融工具支持农业科技企业发展，优化涉农行政审批流程，减少审批材料，提高审批效率，为农业科技企业提供更加便捷、高效、公平的服务。建立重大项目管理机制，国家农业科技创新港等28个重大项目加速落地。核心区已吸引北大荒、苏陀科技、大伟嘉等200余家

企业入驻，实现了农业企业科技创新资源从“聚合”到“聚变”。

三、深化体制机制改革，提升科技创新效能

承接农业农村科技发展进步等职责，成立市农业农村科技发展中心，编制60人。2024年，修订农业科技项目及资金管理办法，充分聚合在京高校、科研院所等科技资源，围绕68个项目方向开展研究应用，在支持首农翠湖工厂打造京津冀单体最大智能连栋温室的基础上，安排科技攻关专项资金3000万元，实现连栋温室技术国产化率从80%提升至100%。支持市属企业承担国家攻关重大专项22项，推进生物育种创新培育专项行动，形成打破国外垄断的航空施药精准作业关键技术、国内首个蛋鸡基因组选择技术平台，以及世界首张西瓜全基因组序列图谱和最大玉米标准DNA指纹库等一批突破性成果。

科技小院家庭园艺种植机

四、搭建合作平台，加强科研成果推广应用

积极搭建农业科技创新平台，为农业科技企业提供高水平的科技支撑和研发服务。探索政企研合作模式，与荷兰瓦赫宁根大学合作，建成集技术研发、成果转化、展示示范、国际交往等于一体的京瓦农业科技创新中心。陆续落地蔬菜生物育种全国重点实验室、国家农业科技创新港、农业微生物国际创新研究院等12个重大创新和成果转化平台、创新创业孵化载体。建成117个博士农场，由13位院士和411位博士当“农场主”，推动农业科研与产业需求紧密结合。打造87家科技小院，覆盖10个远郊区，推广新品种200余

个、新技术180余项。擦亮中国北京种业大会和世界农业科技创新大会“两大品牌”，2023年中国北京种业大会现货交易和签约额8.7亿元，世界农业科技创新大会吸引60多个国家的农业科技人才参加。

五、强化科技赋能，建设农业强国的“首都之窗”

做强智慧农业，建设乡村振兴大数据平台，涵盖21个业务领域，实现数据深度融合和创新应用。打造北京智慧城市农业农村领域10个应用场景，建成首个“无人农场”以及6500亩高标准农田智能化示范区。做精现代设施农业，积极推进平谷49万平方米智能温室集群、小汤山垂直植物工厂等项目建设，设施蔬菜占到蔬菜总产量的54%。做优现代种业，积极构建商业化育种体系，种业企业年销售额75亿元。转基因育种专利授权、国家推荐优良品种数量位居全国第一。培育优质新品种71个，在全国推广超千万亩，“京麦189”品种实测亩产高出全市平均水平60%。

峪口禽业数字展厅

天津：
做优做强“津农精品” 推动农业增效益农民增收入农村增活力

编者按：天津市立足都市现代农业定位，把握优势特色、强化政策支撑、夯实品质基础、做强宣传营销，多措并举做优做强“津农精品”。2023年，“津农精品”品牌农产品销售额达到103.92亿元，总体溢价率达到10%以上，为推动农业增效益、农民增收入、农村增活力提供有力支撑。

天津市委、市政府深入贯彻党的二十大精神和二十届二中、三中全会精神和习近平总书记视察天津重要讲话精神，把农业品牌化建设作为推动都市现代农业发展重要抓手，深入实施品牌强农战略，着力打造高品质、有口碑的农业“金字招牌”。自2020年开展“津农精品”认定以来，累计认定“津农精品”品牌225个。2023年，“津农精品”品牌农产品销售额达103.92亿元。

一、强化顶层设计，力促机制健全

立足天津“大城市、小农业”现实特点，大力推进现代都市型农业发展，坚持走品牌产业化、产业品牌化发展道路，并在实践中逐步构建起“市场主导、政府引导、协会推动、企业主体”的品牌建设模式。先后印发了《关于加快推进农业品牌振兴的实施方案》《天津市农业品牌化建设实施方案（2024—2025）》等政策文件，择优选取小站稻、沙窝萝卜、七里海河蟹等10个基础资源较好、知名度较高的品牌重点打造，按照“基地示范、龙头带动、科技赋能、品牌提质”的思路，率先建设一批发展成效好、引领作用强、带动能力好的示范基地，实现以点带面、串珠成链的良性互动格局。

二、强化政策支持，力促产业强基

不断壮大特色优势产业，全面推进水稻、蔬菜、畜牧、水产4个全产业链建设，先后创建4个国家级优势特色产业集群、5个国家级现代农业产业园、10个国家级农业产业强镇。策划实施新型农业经营主体品牌营销能力提升项目，从产品品控溯源、品牌宣传推广、市场渠道拓展等方面支持引导。挖掘产品核心功能，农业“接二连三”能力不断提高，规模以上农产品加工产值与农业总产值之比达到4.23∶1。推动23个品牌主体融入乡村旅游精品片区建设，拓展生态涵养、休闲旅游、文化传承等农业多种功能。

三、强化品种培优，力促品质提升

大力推进种业振兴行动，主要农作物良种覆盖率均达到98%以上。小站稻育种进入国内领先行列，津原89、金粳818、天隆优619等系列品种在华北、东北及长江中下游粳稻区具有较强竞争优势，全市小站稻生产全部使用自主品种。黄瓜育种技术和品种水平持续保持全国领先，品种推广面积占全国华北型品种面积70%以上。花椰菜在世界上首次完成全基因组测序，达到国际领先水平，花椰菜和芹菜系列品种推广面积均占全国种植面积30%以上。淡水鱼苗种市场竞争力居于全国前列，鲫鱼新品种数量占全国新选育品种的1/3。本土化选育的“澳洲白羊”和“杜泊羊”品种被列入《国家畜禽遗传资源品种名录》，种源供给量分别占全国的66.7%和37.5%。

四、强化品牌管理，力促活力增强

围绕小站稻、沙窝萝卜、鲜食玉米3个品牌完善全产业链标准体系，制修订小站稻精白米、沙窝萝卜设施栽培和鲜食玉米低温物流保鲜等标准16项。现行农业地方标准达到261项，规模农产品生产主体依标生产率达到90%以上。津南区小站镇水稻种植基地等6个基地被评为全国种植业“三品一标”基地。绿色食品、有机农产品、地理标志农产品总量达到186个。修订《天津市“津农精品”认定管理办法（试行）》，清退一批认证到期、市场活跃度不高的品牌企业，进一步提升“津农精品”品牌含金量。

五、强化宣传营销，力促品牌溢价

在CCTV-1和天津卫视投放广告，在新华网、经济日报、天津日报等媒体平台刊登系列报道。结合举办2024年中国农民丰收节金秋消费季系列活动，开通“小站稻号”海河游船、“丰收号”地铁，推动“津农精品”与休闲采摘、户外露营、精品民宿融合发展，搭建丰富多元的展示消费场景。每年举办“津农精品”进社区、进机关、进商圈等展销活动百余场，办好蟹王蟹后争霸赛、小站稻开镰节、沙窝萝卜文化旅游节等特色文化活动，持续举办“津农精品”进北京推介会，不断提升“津农精品”影响力。与天猫、京东等电商平台和盒马鲜生等大型商超深度合作，加快发展直播带货，培育更多“乡土主播”，多维度开展品牌营销。

天津地铁设置“丰收号”专列宣传“津农精品”品牌

天津中心城区建设运营“津农精品”展示中心

六、强化利益共享，力促农民增收

充分发挥品牌企业联农带农作用，中化农业公司通过提供全链条社会化服务、农户订单生产等方式，多渠道提升小站稻种植农户收益。岳川食品和岳农实业公司通过构建辣椒和甘薯种苗、仓储、加工、销售一体化产业链条，带动农户种植2000亩辣椒和1.6万亩红瑶甘薯，培育一批种植大户，让农民分享更多品牌拉动价值。沙窝萝卜品牌主体（谷力果蔬合作社）与农户签订协议，核心产区收购价每斤比市场价上浮0.3元，非核心产区每斤上浮0.1元，为农户收益托底。随着品牌影响力的持续提升，农户在自销农产品过程中，得到市场更多认可，销售收入也进一步增加。

天津小站稻核心产区种植稻田画庆祝丰收

上海：
科技赋能 助力都市现代农业转型升级

编者按： 作为上海最大的农业区，崇明区以上海全市五分之一的陆域面积供给了三分之一的地产农产品，是上海农业综合生产能力和农业产业韧性提升的重要组成。崇明区正紧扣国家战略和产业发展的需求，发挥生态优势，大力培育农业新质生产力，通过科技创新和产业创新的深度融合，持续推动都市现代农业提质增效、转型升级。

上海市崇明区坚持以新理念引领高质量发展，紧扣实施乡村振兴战略和世界级生态岛建设的两大历史机遇，按照立足长三角、服务全中国的功能定位，以"一核一带两区"为规划蓝图，举全区之力高标准建设"长三角农业硅谷"。

一、应用现代设施装备，树起现代设施农业新标杆

聚焦高端设施蔬菜、种源农业、农产品加工等产业，大力推动一批具有示范引领的高端设施农业项目建设。建设崇明区由由中荷现代农业创新园，打造集育苗、种植、生产、加工于一体的高科技绿色"植物工厂"，绿叶菜产能比露地种植高出10倍左右。建成启用首个数字化育供秧服务中心项目，启动中东部智能化育秧中心建设，为全区水稻种植户提供智能化、数字化、社会化服务。布局褐菇等多个工厂化食用菌生产项目，推广应用机械化耕作、自动化灌溉等机械及人工智能装备。加快推动畜禽养殖场升级转型，更新全流程高效生产设备和智能化管理系统，打造一批智能化标准化羊场、猪场。

上海崇明区由由中荷现代农业创新园

二、打造创新应用场景，提升科技成果转化效能

在举全力建设“长三角农业硅谷”的背景下，崇明区积极培育初创型科技企业，抢先布局农业科技新赛道，一批批种源农业、智慧农业、生物农业等创新应用场景全面落地开花。对接海泰生物、耐优生物等多家拥有国内领先技术的前沿企业、金融平台、标准化制定单位，联动院士、杰青团队，成立长三角农业硅谷生态农业研究中心等5个研究中心，引进上海植科优谷生物技术、康码高产（上海）生物科技等32家涉农科技型企业在长三角农业硅谷园区注册，推动农业产业链创新链深度融合，不断提高农业产业综合效益和竞争力。六骥元支生物科技有限公司与崇明白山羊集团合作，建立了崇明白山羊种羊快速扩繁研究中心，应用白山羊体外胚胎移植技术，大幅提高了崇明白山羊种质资源水平和群体数量。崇明白山羊集团万禾智慧羊场建设5G信号全覆盖、“羊脸识别”智慧养殖系统，实现全流程智慧升级，积极打造“生态+”智慧种养循环示范基地。康码高产公司研发的新型蛋白浓缩营

养液，相比传统有机肥和化肥而言，不仅能大幅提高农作物产量，还能改善土壤条件，显著降低农药、化肥的用量。植科优谷公司通过建立褐飞虱靶标基因数据库，在崇明区开展前沿农业生物技术实验–RNAi生物农药技术的田间应用，致力于将更多高效、环保的生物农药产品推向市场，为现代农业贡献力量。

三、聚焦强链补链延链，激发乡村振兴新动能

充分发挥“崇明+”地理标志的优势，全力推出和打响崇明“优农三兄弟”区域公共品牌，搭建“崇明甄选”电商平台，不断创新营销模式，拓宽销售渠道。推动蔬菜净菜加工、白山羊屠宰、生猪屠宰等农产品加工项目建设，推动仓储冷链物流数字化管理，打造“平急两用”城郊大仓农产品供应基地，其中崇明区“优农三兄弟”蔬菜分拣中心项目，可将现有产能从300吨/天提高至500吨/天，有力保障紧急状态下的市场需求。助力农业龙头企业深化延链补链，提升农产品价值链，上海玉海棠公司通过与上海中医药大学等专业机构合作成立苦草研究所，陆续推出苦草茶、苦草蛋、苦草鸭、苦草驱蚊水、苦草精油、苦草纯露等多元化产品，一条条提高产品附加值的新路让苦草产业的发展越走越宽广。作为国内最大的藏红花种植基地，崇明区不断延伸产业链，推出藏红花香米、藏红花面膜、藏红花精油等高附加值产品，围绕中医药文化，打造康养旅游小镇，大力挖掘三产融合发展潜力。

四、突破创新要素制约，培育乡村新产业新业态

为破解农机服务供需不平衡、农户组织化程度不高等问题，成立聚合保田农机服务（集团）公司，探索构建“1+4+N”农机社会化服务体系，构建区级农机信息网络，定制需求录入与服务响应派单功能，打造农机版滴滴模式，2023年累计服务面积达60万亩次。扎实推进乡村振兴建设，做亮生态田园底色，做精做优乡村休闲旅游产业，新村乡稻米文化中心获评为全国休闲农业与乡村旅游精品企业四星级示范企业，竖新镇前卫村、三星镇新安村

等7个村获评中国美丽休闲乡村，上海东禾九谷开心农场被评为上海市3A级景区、“2024上海美丽乡村休闲旅游行精品线路”。利用原有鱼塘水域资源，推动上海华电崇明绿华渔光互补光伏发电项目等14个项目开展建设，总装机容量785.9兆瓦，总投资34.4亿元，积极构建新型能源经济系统，点亮绿色经济，形成“上可发电、下可养鱼”的新模式，实现养殖、发电、环保“三丰收”。

上海市崇明区东禾九谷稻米文化园

五、多点发力多管齐下，探索农民增收新途径

崇明区积极探索新型农村集体经济发展模式，助力村集体经济高质量发展。**一是打造“家门口产业”。**以村集体经济组织和农户为对象，通过“统一种源供应+分布式生产+统一回购销售”的“两头统、中间分”订单式生产模式，探索推进崇明白山羊、菌菇、苦草、藏红花等订单式种养模式，为壮大镇村集体经济发展、促进农民增收探索新模式、新途径。**二是推动村集**

体经济“抱团式”发展。整合农业招商、综合帮扶、移民后扶等资源，组建农村集体经济发展平台，先后整合区镇两级财政专项帮扶资金、移民后扶项目资金、市级帮扶及区级配套资金、结对帮扶企业捐赠资金等超过40亿元，遴选实施10余个产业类“造血”项目，累计提取项目收益近6亿元，促进农村集体资产保值增值。**三是盘活农村闲置资产。**改造提升集体闲置老旧厂房等物业资产，通过公开拍卖、租赁、承包经营、股份合作等多种方式，积极盘活农村闲置资产，增加集体经济收入。比如，竖新镇仙桥村引导本土优质企业对闲置十多年的村集体老旧厂房进行改造，打造成集餐饮、民宿、展示、休闲、体验于一体的农旅融合新平台“均瀛小镇”，仙桥村集体经济组织每年增加至少10万元收益。

上海市崇明区渔光互补项目

重庆：
推进全域“农文旅”融合 探索都市现代农业发展新路径

编者按：重庆市九龙坡区加强规划引领、协同推进、融合发展，抓好都市休闲现代农业产业园等新平台建设、特色农业产业发展，促进农业、文化、旅游业态融合，加速城市、乡村地域融合，打造了都市现代农业样板区。

近年来，重庆市九龙坡区坚持“一盘棋谋划、一张图规划、一体化推进”，立足“东西一体化、全域现代化”战略，既在农业、旅游、文化业态融合上下功夫，又在城市与乡村的地域融合上找路径，科学规划、完善保障、提速推进，呈现出融合发展、延伸发展的良好态势，为九龙坡区推进全国城乡融合乡村振兴示范区建设装上新引擎。

一、谋实在先，立体式拓展融合新空间

一是强规划引领。构建“一环一廊四片六村”发展空间布局，开展全域土地综合整治，优化生产、生活、生态空间规划，大力推进都市休闲现代农业建设。**二是重项目落地。**充分利用农业农村生态资源，把发展旅游与乡村全面振兴有机结合，集中力量建设“长江花果山·四季花果乡”“久农原乡”等农旅融合项目；深化巴渝和美乡村和“一村一品”建设，实施乡村振兴项目65个，成功创建陶家清栖谷国家3A级景区，因地制宜打造特色民宿、农耕体验、休闲渔业、户外运动等新业态。**三是抓资金整合。**整合中央、市、区各级资金2.66亿元，全面推进乡村振兴建设。现已建成市级绿色示范村

4个、美丽宜居乡村17个，成渝地区双城经济圈美丽巴蜀宜居乡村先导村6个、市级休闲农业与乡村旅游示范村3个、示范点3个。

重庆九龙坡区向葡萄庄园

二、落地为要，多载体践行融合新路径

一是高质量兴产业。提速建设都市休闲现代农业产业园，结合卓润生态庄园、清栖谷等农旅综合体，推出一批精、美、优乡村旅游线路。依托大数据、云计算等技术，着力建设“双数工程”，打造蔬菜现代种业示范带，以智慧农业技术提升现代农业科技感和美观度。**二是高品质带人气。**通过培育陶家大闸蟹、西彭葡萄、铜罐驿柑橘等特色农业产业，大力发展研学旅行、农事体验、认种认养等分享经济、体验经济；深入挖掘和保护陶家镇汉韵文化、西彭镇农耕文化、铜罐驿镇红色文化及英雄文化，打造非遗代表性项目19项、村史馆8个、汉韵文化3A级景区1个。**三是高水准优服务。**开展县乡村公共服务一体化试点，结合传统节日、重大节点，持续举办送演出进基层、流动文化服务进村等常态化文化惠民活动20余场，丰富多层次多样化生活服务、娱乐服务供给。依托“乡约九龙”微信小程序、“九龙之声”微信公众号等，推广“九龙乡村版大众点评”，为游客提供一站式乡村旅游服务。

重庆九龙坡清栖谷——汉韵文化街开街仪式引流量

三、集聚要素，全方位厚植融合新动能

一是实施通畅工程。按照把农村公路建好、管好、护好、运营好的要求，提档升级农村公路，重点建设一批旅游路、产业路、便民路，升级村道等级，四好农村路乡道三级及以上占比达50%。合理布局公交场站，提高通行效率和出行便捷度，加快形成从城市到乡村、从市场到田头畅通便捷的交通网络体系，让乡村的田园风光与城市更近。**二是实施人才工程。**依托西南大学、重庆市农业科学院、英雄湾乡村振兴学院等高等院校、科研机构和职业院校等，开展农业技术、乡村旅游等方面的培训5000余人次，培养一批懂农业、爱农村的专业人才。制定人才引进政策，兑现各类资金近1亿元，引进一批农业科技、旅游管理等方面的高端人才，对其给予住房补贴、生活补贴、科研经费等政策支持。**三是实施保障工程。**印发《重庆市九龙坡区都市农业发展扶持办法》，配套不少于1亿元财政资金，吸引社会资本参与农文旅融合发展项目建设。重点用于支持农业产业发展、乡村旅游基础设施建设、人居环境整治等工作。鼓励金融机构加大对农文旅融合发展项目的信贷支持，创新金融产品和服务方式，2024年累计发放涉农贷款56亿元。

四、塑形铸魂，宽领域展示融合新形象

一是打造品牌形象。深入挖掘九龙坡区独特的地域文化和自然资源，分板块塑造英雄湾“文韵驿站”、中梁山“康养山谷”、花果山“滨江果岭”、大溪河“艺术田园”等极具辨识度的农文旅融合形象。创建“品味九农”区域公用品牌，统一设计具有九龙坡特色元素的伴手礼、旅游纪念品、农产品包装等，提升品牌的整体视觉形象与传播力。**二是拓展营销渠道。**加强与线上旅游平台合作，推出九龙坡区农文旅融合专题页面与特色线路推荐。利用社交媒体平台进行精准营销，邀请旅游达人、网红主播等前来体验并分享，吸引更多游客关注。在线下，积极与中国邮政合作，不定期邀请其VIP客户到九龙坡区休闲农业精品旅游线路游玩，实现资源共享，为九龙坡区乡村旅游推广拓宽渠道。**三是举办主题活动。**不定期举办乡村摄影大赛、美食品鉴、汉服体验等各类主题活动，吸引不同年龄段和感兴趣群体的游客参与。活动结束后，及时整理活动成果，作为宣传素材，进一步提升九龙坡区农文旅融合的知名度和美誉度。

重庆九龙坡卓润生态园内游客在休闲垂钓

宁波：

聚焦产业发展　突出高质高效
示范引领都市现代农业发展

编者按：宁波市锚定高水平建设农业强市、高品质打造都市乡村目标，以农业供给侧结构性改革为主线，重点在规划设计引领、科技设施赋能、园区集聚发展等方面发力，健全都市现代农业发展体系，打造全域更有品质、更具魅力的“田园城市·都市乡村”风貌。2023年全市实现农林牧渔业总产值627.5亿元，连续5年居全省第一，全市农村居民人均可支配收入达到4.8万元。

党的二十届三中全会指出，城乡融合发展是中国式现代化的必然要求。近年来，宁波市以建设绿色都市、农业强市为目标，以农业供给侧结构性改革为主线，打造全域更有品质、更具魅力的“田园城市·都市乡村”风貌。一头“服务城市”、一头“富裕农民”的都市现代农业，已经成为宁波现代农业的重要板块。宁波市连续两年荣获浙江省乡村振兴“神农鼎”，2023年全市农村居民人均可支配收入达到4.8万元，同比增长6.5%。

一、坚持高位推动，描绘都市现代农业发展“新蓝图”

宁波围绕高品质打造都市乡村，重点在规划设计引领、科技设施赋能、园区集聚发展等方面发力，推动都市现代农业高质量发展。研究制定宁波都市现代农业建设“12345”发展战略，即瞄准建设绿色都市农业强市“1个目标”，拓展纵向拉长农业产业链、横向拓展农业功能“2大路径”，建设都市农业示范区、主导产业集聚区和粮食蔬菜生产功能区“3个平台”，聚焦规模化、设施化、生态化、信息化“4个重点”，构筑产业体系、经营体系、科技支撑体系、生态安全体系和要素保障体系“5大体系”，先后出台《宁波市人民政府办公厅关于加快推进绿色都市农业示范区建设的实施意见》《高质量推进“4566”乡村振兴行动方案》等政策文件。截至2024年6月，全市累计培育创建5个国家农业强镇和28个国家“一村一品”示范村镇，涌现出红美人柑橘、甬优种业、余姚榨菜等一批特色突出、竞争力强的农业主导产业，2023年全市实现农林牧渔业总产值627.5亿元，连续5年居全省第一。

宁波象山红美人设施栽培

二、强化科技赋能，跑出都市现代农业“加速度”

以发展智慧农业和现代设施农业为路径，为推动传统农业升级转型，提供高水平的数字化、设施化支撑。深化数字经济创新提质“一号发展工程”，推动形成“数实融合、以数强农”发展态势。上线“人耕对应”场景功能和图层，动态监测耕地“非农化”“非粮化”，有效开展抛荒耕地治理。打造农业产业一张图，先后开展榨菜大脑、柑橘大脑、水蜜桃大脑等农业单品全产业链应用建设，创建国家数字农业创新应用基地2个、市级以上数字农业工厂74家、省级未来农场4家。实施现代设施农业提升行动，出台《宁波市现代设施农业提升行动实施方案》，支持种植设施、畜牧设施、渔业设施、冷藏保鲜设施及农产品生产加工设施建设，完成项目投资1.6亿元，新建钢架大棚1900亩、冷库36个，累计建设发展设施大棚26.43万个，面积20.32万亩。

宁波海曙大田数字农业基地

三、立足特色精品，做强南岚湾农业示范园“新地标”

以农业示范园建设为抓手，构建功能协同、支撑有力、运作高效的产业集聚区。**一是系统谋划抓落实。**立足各地产业实际，差异化制定园区建设方案，全力打造南岚湾农业示范园，成立园区领导小组，完善政府主导、科研机构策源、企业转化推广合作模式，建立协调通报机制，落实园区土地、产业、配套相互协调，建成投产水果番茄精品园一期项目，初步形成“一核两带三心四区”，带动园区水果番茄亩均收益提升至10万元以上。**二是科技支撑赋活力。**“引种、引人、引技”三管齐下，依托高校和科研院所开展产学研深度合作，走“育繁推、产加销”一体化发展道路，园区优势精品果蔬番茄、草莓品种实现良种全覆盖。落地镇海区首个农业领域院士级专家工作站，开展农业信息化智能装备研发和农业物联网集成系统研究，融合应用基质种植、水培、立体种植等多种前沿种植技术。**三是多产融合成集群。**顺应一二三产业融合发展需求，立足园区资源禀赋，延伸生产、加工、销售产业链。分阶段打造400亩现代番茄产业基地，发展农产品精深加工，谋划搭建智慧冷链研发中心、农文旅融合中心、品牌展示展销中心，提供冷链仓储、特色果蔬采摘、农产品公共品牌宣传等服务，打通产研销通道，不断提高农产品商品化率，从而形成完整产业链。

宁波市镇海区南岚湾农业示范园

四、聚焦集群集聚，打造全市战略性蔬菜保供“新高地”

按照“保供、创新、生态、共富”的要求，完善市县协同、设施提升、市场主导的长效运维机制，实现规模化、设施化、市场化发展。**一是联合推进提规模。**结合全域国土空间整治，市、县两级密切协同，详细调研基地域内土地、水系等自然资源，优化基地国土空间结构，逐一破解土地、资金、人才等瓶颈难题，2023年3月基地用地完成一次性流转，整体规模达到3650亩，成为宁波市城郊规模最大的蔬菜战略保供基地。**二是设施提升强质效。**引进先进设施农业技术，实现由传统粗放式种植向现代化科技精细种植转变。在基地先导区配套建设高精度水肥一体化灌溉设施、现代化大型温室种植设备、种苗智能化立体物流运输与管理系统等设备设施，贯通蔬菜生产全生命周期数据，搭建蔬菜生长大模型，建成国际主流文洛式玻璃温室20亩，现代化连栋薄膜温室158亩。**三是链式供应扩渠道。**坚持市场主导，依托紧邻宁波市区的地理优势和城郊区位优势，建设园区生产冷链配送一体化中心，紧密连接宁波市蔬菜批发市场、大型超市商场、学校社区，形成绿色安全净菜产品配送，大型商超占30%、集中配送占30%、批发市场占30%、自有品牌占10%的“3331”流通营销管理模式。

宁波大龙现代设施蔬菜种植基地

深圳：提升农业科技“含金量”为都市现代农业发展增活力添动力

编者按： 农业强国是社会主义现代化强国的根基，推进农业现代化是实现高质量发展的必然要求。近年来，深圳市依托活跃的资本市场、先进的数字技术、灵活的政策机制、丰富的人才资源，以及科研机构集聚和科研成果转化优势，加快推动“农业科技创新先行示范区”建设，大力发展科技创新型都市现代农业。

近年来，深圳市深入贯彻落实党中央、国务院关于“三农”工作的决策部署，牢固树立“大农业观、大食物观”，落实建设农业强国等重大部署以及加强农业科技和装备支撑、培育现代农业服务业新体系等工作要求，整合和优化各类资源，构建具有深圳特色的“基础研究+技术攻关+成果转化+产业集群+推广辐射”现代农业高质量发展体系，为都市现代农业持续发展注入强劲动力。

一、充分发挥政策效能，构筑都市现代农业发展基石

深圳市高度重视农业科技创新，出台一系列具有针对性和引导性的政策措施，构建全方位、多层次，支持战略性新兴产业发展的体系，为都市现代农业发展提供了强有力的政策保障和资金支持。**一是强保障，顶层设计持续加强。**出台《深圳市关于打造农业科技创新先行示范区的若干措施》，重点支持生物育种自主创新和产业化、支持数字农业发展、创新都市现代农业发展模式、支持微农业技术研发推广，加快推动农业关键核心技术攻关，全

方位推动深圳农业科技创新先行示范。制定《关于推动现代农业高质量发展的实施意见》，强调通过科技链、产业链、民生供应链、食品监管链、资金链的深度融合，推动现代农业高质量发展。**二是谋发展，资金支持透明高效**。出台《深圳市支持现代农业高质量发展的若干措施》，在科技链、产业链、民生供应链、质量监管链、资金链五个方面提出15条扶持措施，对经国家、省批准立项的项目给予配套资助，对高水平前沿基础研究、“卡脖子”核心技术攻关项目给予补贴。出台《深圳市支持现代农业高质量发展专项资金操作规程》，规范专项资金的资助计划组织实施，提高资金管理水平和使用效益，确保每一分钱都用在刀刃上。**三是守底线，农田租赁规范运作**。出台《深圳市永久基本农田保护区内土地租赁招标投标管理办法》，明确深圳市永久基本农田保护区内土地租赁招标投标活动各方要求、招标流程及内容事项、投标流程及内容事项、开评标流程及要求，强化土地租赁监管和风险防范，确保土地资源得到合理、有效的保护和使用。

二、打造生物育种创新高地，引领农业科技前沿

一是瞄准国家重大需求。响应中央“打一场种业翻身仗”的部署，将生物育种纳入市战略性新兴产业发展重点领域，先后制定一系列扶持战略性新兴产业发展的配套政策，初步形成“育繁推一体化，产学研相结合”的现代种业体系，推动生物育种成为都市现代农业发展的关键引擎。2020年，深圳国家农业科技园区核心项目单位共取得授权专利78个、通过国审省审新品种45个、转化科技成果50个、制定行业标准41个。育种成果产业化推广成效显著，优薯1号亩产接近3吨，实现对马铃薯产业的颠覆性创新；深圳超级稻新品种Y两优900、深两优5814、深优9516、深两优870被农业农村部列为全国主推品种，累计推广面积达4741万亩。**二是紧密结合深圳“20+8”产业集群布局**。结合全市战略性新兴产业、未来“20+8”产业集群布局和发展农业新质生产力，着力推动发展农产品贸易与农业服务、科技创新与智慧农业、都市农业与乡村振兴“三大产业集群”，推动生物育种战略性新兴

产业发展，抢占世界种业科技竞争制高点，迈向全球现代农业产业价值链顶端。

三、科研平台筑巢引凤，汇聚智慧创新资源

一是打造多层次农业人才队伍。通过优化政策环境、提升待遇水平、打造创新平台等举措，结合产学研合作，构建引得进、培得出、留得住的农业科技领域人才生态体系。引进农业领域国际高端人才12人、国家级人才27人、省部级人才89人、广东省“珠江团队”1个、深圳市“孔雀计划”团队3个。实施一系列人才政策，优化住房补贴、子女教育等一系列配套福利待遇，改善农业科技人才的生活条件和工作环境。**二是培育农业科研创新载体。**通过政策引导、资金支持和环境营造，先后吸引中国农业科学院、中国农业大学、中国农业发展集团、新希望六和等一大批国内外知名科研院所和高新技术企业入驻。现已建成48个国家级和省级重点实验室、工程中心和公共研发平台，在农业科技创新方面发挥着重要作用。**三是鼓励企业发展农业**

中国农业科学院深圳基因组研究所黄三文院士团队

科技平台。充分发挥电子信息产业发达优势，鼓励一大批具有国际竞争力的高新技术企业，积极开展农业生物技术、智慧农业、食品加工等领域创新，推动农业产业数字化转型，支持智慧育种、智能装备制造等领域的研发。丰农控股自主研发“数智农服平台”，利用大数据分析等技术为全国18个省份1000多万农户1亿多亩耕地提供智能农事决策方案。

中国农业大学深圳研究院谯仕彦院士团队

四、金融活水精准滴灌，“贷”动农业产业发展

积极引导资本市场和金融服务体系向农业科技创新和产业升级领域倾斜，通过政策引导和资金支持，促进了农业科技创新和产业升级。**一是优政策，强化农业金融支持。**2023年印发《深圳市提升农产品供应链金融支持能力的若干措施》，提出10条工作措施，提升农产品供应链金融支持能力。**二是建平台，畅通农业融资之路。**建立农业供应链金融服务平台，整合农业产业链上下游资源，提供融资、结算、保险等一站式金融服务，降低企业

融资成本，提高资金使用效率。打造涉农金融公共服务平台，推出“鹏农贷”“惠农贷”等涉农金融创新服务方案。2023年涉农贷款余额超过1900亿元，同比增长约16%。**三是降风险，打造风险管理新利器。**发挥国际流通中心和优质农产品品牌优势，引导金融产业服务现代农业，通过建设农产品期货市场，鼓励涉农企业利用期货、期权等金融工具增强市场风险应对能力。

南京：
聚焦“三个发展” 建设特色鲜明的都市现代农业强市

编者按：南京市以创新集成推动产业链、创新链、资金链、人才链深度融合，以发掘农业多种功能、多元价值推动农文旅深度融合，以绿色发展推动农村生产、生活、生态深度融合，都市现代农业强市建设迈开新步伐。

近年来，南京市坚持都市农业发展定位，以科技引领，以创新赋能，聚焦链式发展、融合发展、绿色发展，高质量抓实“菜篮子”地产农产品保供工作，高协同推动农业全产业链增值增效，高标准改善农业农村环境，展现出“推进农业现代化走在前”的省会担当。

一、聚焦链式发展，以创新集成驱动“农业强”

一是坚持链式思维，升级特色产业质态。建设优质稻米、绿色蔬菜、精品蟹虾等八大产业链，坚持“全产业链打造、打造全产业链”，整合现代农业发展专项资金和高层次人才领衔的专家技术团队，推动产业链、创新链、资金链、人才链深度融合。产业链骨干企业发挥引领带动作用，向上中下游的中小企业开放市场、创新、人才等资源，在技术攻关、生产验证、标准制定等方面加强合作，实现链式发展协同突破、利益共享。2023年全市农业主导产业一二三产业融合总产值398.6亿元，比2020年增长62%，三年平均增速10%以上。**二是加快基础建设，提升设施装备水平。**以高标准农田、标准化菜地、智能农业、仓储冷藏保鲜设施等为重点，编制《2023—2030年全市现代设施农业发展实施方案》。累计建成高标准农田超过145万亩，标准化菜地4.5万亩，设施蔬菜园艺83万亩和一批“无人农场”，农业机械化率达91.5%。农业物联网应用示范点覆盖所有农业产业，获评国家、省级农业信息化示范基地35家。累计投入6000余万元加快推进仓储冷藏保鲜设施建设，溧水区作为全国试点整县推进，市级安排专项资金支持田头冷藏设施建设。**三是深化“四新”集成，推动科创成果应用**。全市集聚34家涉农高校院所和溧水白马国家农高区、浦口国家农创中心等“国字号”平台载体，与近10个院士团队加强合作，推动智慧农业、智能装备、新品种研发等科技成果在南京首试首用。注重新品种、新技术、新装备、新模式集成示范，推广“四新”成果115项。南粳46、宁香粳9号、丰两优等优质粳稻、籼稻品种良种覆盖率超98%；番茄、小白菜优新品种覆盖率超60%，高淳区茶树穴盘育苗基地已成为国内规模最大、品种齐全的穴盘育苗基地；中华绒螯蟹“金农1号”通过农业农村部水产新品种认定；“油菜多功能利用绿色轻简高效生产技术”助力创制“一主六用”产业模式，在花用、菜用等功能拓展研究上达到国际领先水平。

南京谷满满家庭农场在长江五桥畔打造的“城市稻田”

二、聚焦融合发展，以要素畅流带动“农民富”

一是促进农文旅结合，休闲农业创新赋能。以“南京农业嘉年华”品牌为引领，挖掘农业多种功能多元价值，2023年全市休闲农业接待游客3800多万人次、实现综合收入150亿元。打造“莱斯乡村”一站式平台，推出性价比高、吸引力强的农文旅套餐产品，满足游客“吃住行游购娱”等休闲度假需求。印发《南京市“莱斯乡村共享小院+”特色村试点工作方案》，盘活农村闲置资源，整合住宿、餐饮、菜地、果园等资源，以共建共享的模式解决“空心村”问题。构建“主体+基地+大赛+导师+联盟”多维度扶持体系，在全省率先成立农创客联盟，累计举办八届“双创”大赛，多个获奖项目在南京落地生根。**二是贯通产加销一体，品牌引领提振产业。**注重公用品牌、企业品牌、产业品牌联动发展，“樱桃鸭”“金色庄园”“浦桥玉剑”3个品牌入选省农业品牌精品培育计划，重点培育“金陵味稻”“固城湖螃蟹”“南京盐水鸭”“南京雨花茶”“八卦洲芦蒿”“溧水五莓”“大圣水芹”

南京市高淳区国家现代农业产业园万亩螃蟹养殖基地

等一批影响力较大的地方特色品牌。市级搭建“食礼秦淮”区域公用品牌服务平台，240家授权主体联手抓质量、联合闯市场，品牌营收过亿元，带动销售3亿元。持续优化乡村物流服务网络，开通交邮融合客运站13个、线路20条，江宁区“交邮融合、统仓共配”项目入选全国第三批农村物流服务品牌。**三是围绕人财物发力，要素资源循环畅通。**推进招商引资、招才引智、金融对接。创新政金合作模式，推出“金陵惠农贷”“信村贷”“金陵农担贷”等“三农”贷款产品，累计授信690余亿元，贷款发放超240亿元。实施“智汇‘三农’”人才工程，累计培育3批、共计300名能带动农业农村高质量发展的“头雁种苗”，引进341名青年大学生“新农人”、补助学费760多万元。探索“1+N+X”、集体领办、联盟组织、主体拓链、主体集聚互助5项社会化服务模式。金融、人才、重大项目等资源加速向农村流动，服务农民增收，2023年全市农村居民人均可支配收入36789元，增幅比城镇居民高1.9个百分点。

三、聚焦绿色发展，以点面联动推动“农村美”

一是绿色转型，筑牢质量安全基础。坚持把绿色发展、清洁生产、农产品质量安全作为现代农业高质量发展的底色。制（修）订农业地方标准，争创部省级标准化示范基地，2023年发布24项市级农业地方标准，创建3个部省现代农业全产业链标准化示范基地，56个部省绿色优质农产品标准化基地，新增21个畜牧水产绿色生产基地，进一步优化绿色优质农产品结构。全市拥有绿色食品446个、有机农产品132个、地理标志农产品11个，绿色优质农产品比重达74.6%，位居全省前列。**二是降污减碳，推动乡村生态振兴。**印发《关于推进全市农业绿色低碳发展及生态农场建设的通知》，集成推广侧深施肥、种肥同播、水肥一体化、无人机施肥，市级下达专项补贴资金2300万元，支持沿江5千米商品有机肥和配方肥推广。深入开展畜禽粪污资源化利用及污染防治排查整治，规模畜禽养殖场治理率达95%以上。加强秸秆机械化还田、秸秆收储与多种形式利用和地膜科学使用回收，因地制宜推进生态型犁耕深翻，秸秆综合利用率超95%。**三是由点及面，联动建设和美乡村。**出台《南京市学习浙江“千万工程”经验推动现代化乡村建设工作方案》等，着力打通“两山”转化通道。把生态宜居作为村庄规划的重要内容，明确村庄建设边界和各类用地开发保护、利用要求，2024年底前实现村庄规划全覆盖。全市累计打造美丽宜居乡村2800多个、省级特色田园乡村81个。接续制定和美乡村行动计划、标准体系、建设导引、评价办法，以行政村为单元，每年建设和美乡村35个左右，进一步优化山水、田园、村落等空间要素。实施农村人居环境整治提升五年行动，农村卫生厕所普及率达99.9%，自然村生活垃圾分类全覆盖，生活污水治理覆盖率超90%。

南京邦诚农副产品有限公司展示叶菜收割机收割菜秧作业场景

济南：

全面推进乡村产业提质增效 夯实都市现代农业发展基础

编者按： 近年来，济南市深入贯彻落实习近平总书记关于“推进中国式现代化，必须坚持不懈夯实农业基础，推进乡村全面振兴”指示精神，通过推进传统主导产业均衡增长、特色优势产业优化提升、现代种业创新突破、产销对接渠道畅通、多种业态融合发展等举措，精准施策，狠抓落实，都市现代农业发展取得了良好成效。

近年来，济南市深入贯彻落实习近平总书记关于“三农”工作的重要论述，以发展特色产业为抓手，加快传统产业提质效、新兴产业扩规模、三产融合溢价值，农业转型升级进入快车道，现代都市农业加快塑形。

一、画好顶层设计蓝图，构建产业发展政策体系

按照“依城发展、为城服务”思路，高点定位、高标谋划，以特色引领乡村产业全面振兴。在“十四五”推进农业农村现代化规划的基础上，分别制定了全市蔬菜、畜牧业、渔业等分产业规划，为全市农业农村稳定发展描绘了蓝图。同时，根据全市农业农村发展实际，针对性地制定了《关于建立“一村一业、一村一策”推进机制推动乡村产业振兴的实施意见》《关于进一步深化农村“三变”改革的指导意见》《关于加快现代农业优势产业集群高质量发展的实施意见》《关于加快现代种业创新发展全力打造中国北方种业之都的行动方案》系列政策措施，推动全市都市现代农业提档升级。

济南智能化育苗温室

二、优化提升特色产业，培育都市农业产业集群

始终将特色产业作为产业振兴的"突破口""牛鼻子"，撬动全市农业产业整体崛起。**一是构建产业集群发展格局。**在十大农业特色产业振兴基础上，培育粮油食品、现代种业、高效畜牧、精致果蔬、高端花卉、预制菜品、乡村旅游等十大都市现代农业优势产业集群。2023年十大农业产业集群联动关联产业及其衍生产业的产值达到2197亿元。**二是构建全产业服务链。**大力培育社会化服务组织，有效提供产前、产中、产后服务，全市农业社会化服务组织达到5039家，省、市级示范服务组织分别达到18家、127家，土地全程托管和半托管服务面积超过700万亩次。**三是构建全产业融合链。**实施"泉韵乡居"建设十大行动，集中式投入、连片化推进，年底前建设成熟片区10个，累计建成249个齐鲁样板村、275个省级和美乡村。长清区被评为全国休闲农业重点县，创建中国美丽休闲乡村7个。

三、推动种业创新突破，打造“中国北方种业之都”

积极推动现代种业“保育测繁推”全产业链发育成长，着力做强农作物种子、蔬菜种苗、畜禽良种三大优势板块，全力打造“中国北方种业之都”。**一是着力构建政策支持体系。**出台行动方案和“种业11条”专项扶持措施，累计投入财政资金超6亿元，全力促成新广农牧、登海等领军企业落地济南。全市种业持证企业达到124家，3家企业入选国家种业阵型企业，2家企业获评“农业农村部企业重点实验室”。**二是着力强化科技支撑能力。**聚焦突破“卡脖子”技术，实施种业创新项目孵化。植物基因编辑、小麦“核不育”等生物育种项目加快实施，在国内率先研发出具有自主知识产权的基因编辑酶，泉脉农业科技有限公司创制超过100万份小麦突变体种质资源，高油酸大豆获得植物基因编辑安全证书，矮秆玉米获得主粮作物基因编辑安全评价证书。**三是着力优化种业发展布局。**结合山东现代农业大科学中心项目，建设现代种业产业园，布局百亩科创港、千亩农创城和万亩示范区，推进中国北方种业之都总部基地建设。建设山东未来畜禽种业产业园，已落地项目12个。

四、畅通产销对接渠道，擦亮“泉水人家”金字招牌

坚持将品牌塑造作为推动都市农业发展的新动能，通过实施“1+10+N”品牌体系塑造工程引领，推动品牌溢价，扩大泉城农产品品牌影响力。**一是着力壮大“泉水人家”品牌方阵。**坚持实施品牌强农战略，逐步构筑起以“泉水人家”品牌为引领、区县公用品牌为支撑、企业产品品牌竞相发展的品牌农业格局，“泉水人家”授权企业及产品达到120家、361款，推出“章丘大葱”“平阴玫瑰”等15个县域农产品区域公用品牌，2个品牌入选中国农业品牌目录农产品区域公用品牌和国家农业品牌精品培育计划，省级以上知名农业品牌达到65个，全市累计认证绿色有机食品、名特优新和地理标志农产品达到550个。**二是着力强化产销对接力度。**组建成立济南市农业产业协会及预制菜、农化等产业分会，为农业企业发展搭建起服务交流平台。创新

举办区域公用品牌“泉水人家”进社区、进商超、进平台、进企业“四进”活动，推动“泉水人家”授权企业与北京新发地、盒马鲜生等15家商超建立了稳定的合作关系。支持企业拓展海内外市场，组织企业400余家次，参加中国—东盟博览会、香港美食博览会等境内外展会37场，累计签订协议金额达1.76亿元。

济南市农产品区域公用品牌——“泉水人家”进社区活动

五、争取多元发展支撑，大力提升要素供给

坚持创新第一动力，强化资源要素配置，聚力推动特色产业率先发展、加快崛起。**一是强化科技支撑。**深入开展“垄上行”农技服务、乡村振兴“科技合伙人”试点，围绕现代农业发展需求，组建小麦、食用菌、生姜、草莓、生猪5支农业产业技术创新团队，全市农业科技进步贡献率达到69.43%。搭建“泉农通”数字协同平台，打造1863个数字村庄，以数字赋能农业生产、乡村治理、农民生活。**二是做好用地保障。**坚持严格管理、精准发力，不断完善土地要素支撑乡村产业振兴的政策举措，以产业项目质量、

数量以及项目落地开工实效作为配置计划指标的依据，提高土地资源配置效益。**三是推动多元融资。**搭建“政、银、担、企”合作平台，用好各项财政引导政策，有效破解产业发展资金瓶颈。把争取债券支持作为支农资金新的增长点，累计获得涉农债券额度38亿元、到位债券资金17.3亿元。切实发挥好政策性农业保险助农、护农作用，在全省率先开展三大主粮作物完全成本保险全域全覆盖工作，农户实际承担保险保费比例由20%下降至13.9%。

济南市“菜篮子”保供园区项目

成都：
探索“五化五型”模式 拓宽都市现代农业发展路径

编者按： 作为常住人口突破2100万的超大城市，成都市通过探索多元化保供型、科技化智慧型、绿色化生态型、职业化专业型、融合化功能型的“五化五型”都市现代农业发展模式，推动新时代更高水平“天府粮仓”成都片区提档升级，不断满足城乡居民对农业生产、生活、生态的多样化需求，为西部地区都市农业现代化发展提供了样板。

成都市认真贯彻习近平总书记关于“三农”工作的重要论述和习近平总书记对四川工作系列重要指示精神，扛起粮食安全“国之大者”使命担当，探索形成了多元化保供型、科技化智慧型、绿色化生态型、职业化专业型、融合化功能型的“五化五型”都市现代农业发展模式，有效拓宽都市现代农业发展路径。

一、健全耕地长效保护机制，发展多元化保供型农业

围绕建设新时代更高水平“天府粮仓”，制定4项关于加强耕地保护、保障粮食安全的专项政策，将高标准农田建设补贴标准分类提升至最高4800元/亩，建成高标准农田421.77万亩，确保“良田粮用”。坚决把健全耕地长效保护机制作为首要政治任务，先后制定了耕地保护基金制度和新增建设用地占用耕地前置评价机制，建立“空、天、地”一体化耕地保护动态监管机制。坚定不移践行“大食物观”，发展多元化保供型农业，创新实施粮食生产规模经营补贴、都江堰精华灌区水稻恢复种植补贴等支持政策，健全种

粮农民收益保障和风险分担机制，带动全市粮食面积稳定在570万亩、产量230万吨以上。健全成都都市圈“菜篮子”协同保供机制，不断建强“菜篮子”产品供应链，构建形成肉蛋奶、果菜鱼等主要农产品供给丰富多元、营养均衡的食物供给体系，全市蔬菜产量稳定在600万吨以上。

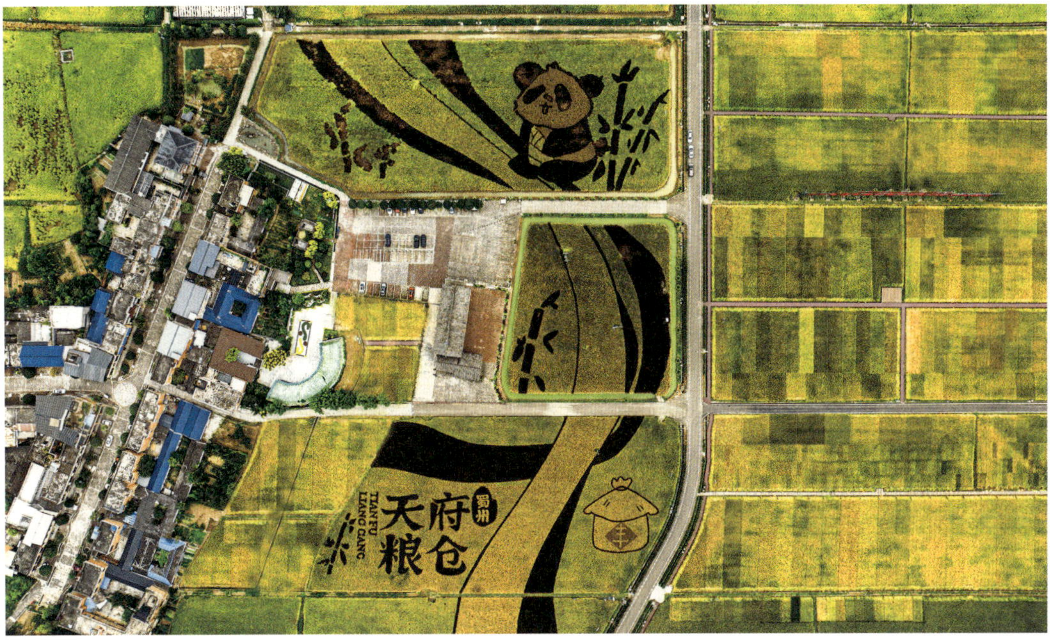

“天府良仓”崇州十万亩粮食高产稳产高效综合示范基地

二、发挥科创平台驱动效益，发展科技化智慧型农业

坚持科技创新引领，与中国农业科学院共建成都国家现代农业产业科技创新中心，规划布局“一核、五园、N基地”农业科创空间，集聚省级以上研发机构239家、引进院士专家团队2个、承担科研项目2656项，打造都市现代农业硅谷。大力推动种业振兴，建成无人化垂直植物工厂，有效降低水稻等主要农作物的育种周期。建设天府现代种业园，布局集成四川省种质资源中心库、四川现代种业研究院、国家品种测试西南分中心的“一库一院五中心”，推动现代种业资源整合和成果转化，杂交水稻、杂交玉米、杂交油菜等育种技术处于全国领先水平。加快发展智慧农业，构建“数字化服务平

台+智慧农业产业园服务中心+规模化农场"数字服务体系，实现对耕地利用、农田建设、粮食生产、生猪供应的全过程智慧化监管，形成数智粮油、作物监测、农技在线、智慧农服等数十类生产应用场景。

彭州市九尺镇谢家院子规划充分利用资源禀赋　保护修复一批特色鲜明的林盘

三、优化经营主体培育模式，发展职业化专业型农业

以农业职业经理人培育为抓手，聚焦创业大学生、返乡务工人员、转业军人等重点群体，建立市、县两级农业职业经理人培育对象库，依托农业院校、职业教育、科研基地等平台开展选拔培育，完善社保补贴、政策性农业保险补贴和优惠信贷激励政策，累计培育农业职业经理人3.2万人，有效壮大高素质农民队伍，走出一条解决"谁来种地""谁能种好地"的成功之路。完善县镇村三级农业社会化服务体系，开展"耕、种、防、收、储、销"等单环节、多环节的"菜单式""保姆式""一站式"服务，探索形成"农业共营制""大园区+小业主"等多种新型经营模式，构建起以农户家庭经营为基

础、以土地股份合作为纽带、以社会化服务为支撑的现代农业经营体系，提升农业生产经营效率，有效解决农业生产经营中“地碎、人少、钱散、缺服务”的问题。

四、探索协同减排固碳路径，发展绿色化生态型农业

积极推行种养结合生态循环技术模式，发展复式、高效农机装备和电动农机装备，实行耕地休耕轮作制度。实施化肥农药减量化行动，建立健全秸秆、农膜、农药包装废弃物、畜禽粪污等农业废弃物收集利用处理体系，全市化肥农药使用量总体保持零增长，畜禽粪污综合利用率达94.28%，秸秆综合利用率达98.4%，农村人居环境总体评分在全国27个省会城市中排名第三。坚持农业生产“三品一标”，严格抓好农产品质量安全管理，全覆盖推行食用农产品承诺达标合格证制度，搭建农产品质量安全全程追溯监管平台，实现“从产地到餐桌”溯源监管。完善“市级公用品牌+县级区域品牌+企业自主品牌”的品牌体系，建立成都农业品牌目录制度，培育农产品地理标志29个，绿色食品、有机农产品914个。

2022年中国农民丰收节主办地成都新津区天府农博园

五、挖掘乡村多元价值内涵，发展融合化功能型农业

以农商文旅体康融合发展为导向，发挥特有川西林盘乡村聚落多元价值优势，打造“稻田是湿地，菜地也是风景”的全域皆景、全域可游的公园城市现代乡村。实施“公园+”“林盘+”行动，保留乡村“山、水、田、林、院”原生肌理，将川西林盘融入全域旅游、融入天府绿道、融入乡村景区，累计保护修复川西林盘1073个，形成“刘家林盘”“拾光山丘”“西花町”等168个精品林盘。结合农时农事和民俗节庆，培育提升农事体验、自然研学、乡村露营、运动康养等业态品质，形成百大乡村消费新场景，开展“新十二月市”等品牌集会活动。支持优质文创团队开发乡村资源，通过乡村非遗传习所和传统工艺聚集区，活化蜀锦蜀绣、川剧艺术、川派盆景、竹编漆器等非遗传承。弘扬传承天府农耕文化，打造以民俗民风为特色的农事研学、诗词研学、非遗研学等精品线路，全市先后推介14个村（社区）入选中国美丽休闲乡村。

都江堰川西音乐林盘融合了音乐、美食、休闲、娱乐等消费场景

昆明：以“七个扎实推进”为抓手不断推动高原特色都市现代农业发展

编者按： 昆明市作为“一带一路”国家战略布局的重要节点，依托得天独厚的区位优势和资源优势，以“七个扎实推进”为抓手，大力发展高原特色都市现代农业。2024年，昆明已成为面向全国乃至南亚、东南亚的重要农产品生产基地和交易枢纽，高原特色都市现代农业发展成效明显。

近年来，昆明市立足高原特色农业资源优势，以“七个扎实推进”为抓手，不断调整优化产业结构，完善现代农业产业体系，较好实现传统农业向现代农业转变，为云南省高原特色现代农业发展发挥了重要示范引领作用。

一、扎实推进昆明高原特色都市现代农业设施化发展

创新开发昆明市设施农业项目管理平台，全面筛查梳理储备地块614块（单块100亩以上），共14.86万亩，全部绘制图斑并纳入系统管理。2023年，依据平台数据打造项目155个，签约项目33个，签约额18.82亿元，有力支撑农业固定资产投资，有效助推农业设施化发展。截至2023年底，全市设施“农业种植业大棚+离地栽培+水肥一体化”面积1.08万亩、“种植业大棚+地栽+水肥一体化”面积78.19万亩、规模化养殖面积23.44万亩。

二、扎实推进昆明高原特色都市现代农业产业化发展

立足资源禀赋和产业基础，围绕蔬菜、水果、肉牛、花卉、中药材等特

色产业，按照一个产业、一个工作组、一个专家组、一个三年行动方案、一批龙头企业、一个工作调度机制的"六个一"工作要求，牵头成立12个重点产业工作组，编制印发14个重点产业三年行动方案。寻甸县农业产业园区被列入国家现代农业产业园区创建名单，石林县西街口镇被认定为国家产业强镇，晋宁区花卉产业、寻甸县肉牛产业、禄劝县中药材产业被评为省级示范县，石林县人参果产业、宜良县鸭产业被评为省级特色县。

昆明市现代化设施农业

三、扎实推进昆明高原特色都市现代农业标准化发展

先后制定发布肉牛、蔬菜、花卉等特色产业的生产标准、产业标准、产品标准等，修改完善并发布222项标准，初步构建昆明高原特色都市现代农业标准体系，云南石林牧原农牧有限公司被农业农村部评定为畜禽养殖标准化示范场。深入开展农产品"三品一标"认证，累计认证绿色食品334个、有机农产品720个、农产品地理标志11个、名特优新农产品12个，纳入云南省"绿色云品"品牌目录品牌128个。五华区西翥街道入选全国基层农产品

质量安全网格化监管服务典范。

昆明市花卉产业园

四、扎实推进昆明高原特色都市现代农业市场化发展

积极引导推动农民专业合作社、家庭农场、专业大户等引进先进发展理念、现代管理制度等，提升产业规模。截至2024年，昆明农业企业达2.68万户，各级农业龙头企业770户；农民专业合作社4964个，各级示范社453个；家庭农场13626个，各级示范家庭农场935个。加快推进昆明绿色食品交易体系建设，先后建成蔬菜、肉牛、水果、中药材、咖啡产品5个交易中心，线上线下联动提升农业市场化水平。在京东商城开设中国特产·昆明市农特产馆和助农馆，助推昆明特色农产品销售和品牌推广。积极加入中国气象局“中国天气”品牌赋能乡村振兴行动计划，宜良干巴菌入选立秋节气《名优特产品名录》；石林人参果入选秋分节气《名优特产品名录》，并获评“节气名品”荣誉称号，“石林人参果”品牌在CCTV-17展播宣传。

昆明市河湾村创意农业示范园

五、扎实推进昆明高原特色都市现代农业专业化发展

扎实推进表型鉴定平台、分子育种平台等重大项目建设。种业创新攻关取得新突破，昆明市农业科技成果转化中心宜良基地被农业农村部认定为国家级玉米展示评价基地。组建技术指导团队，加强对市场主体指导服务。2023年，选派159名农业科技领军专家、引导1007名农业科技骨干人才、带动9895名农业技术乡土人才，到县包乡联村带户开展农业科技服务。打造12个集示范展示、培训指导、科普教育等多功能、一体化的农业科技示范展示基地，培育296名基层农技推广骨干人才。

六、扎实推进昆明高原特色都市现代农业组织化发展

积极试验探索示范推广订单合同型、流转聘用型、服务协作型、股份合作型、资产盘活型5种“市场主体+农户”的利益联结模式，实现利益共享。制定新型经营主体联农带农奖补政策，促进小农户与现代农业有效衔接。2023年，昆明市农业产业化龙头企业带动农户248万户，同比增长7.8%；带

动农户增收总额204.67亿元，同比增长136%。66户次农业龙头企业入选云南省重点产业领军企业、省级专精特新中小企业、省级创新型中小企业、省级科技型中小企业名单。

七、扎实推进昆明高原特色都市现代农业绿色化发展

加强土壤污染治理，积极推广配土测方、水肥一体、生物防治、统防统治等技术，推广应用秸秆还田、增施有机肥、种植绿肥整地等土壤培肥改良措施。在嵩明、晋宁、寻甸、宜良等地区建设一批农业废弃物资源再利用重点项目，提升畜禽粪污、花卉秸秆、废弃菜叶的资源化利用率。在做好滇池保护治理的基础上，主要采取推动产业和人口向流域外疏解、建设环滇池生态旅游大景区、开展村庄改造共享绿色发展红利等措施，积极探索滇池沿岸绿色发展路子，努力打通“绿水青山就是金山银山”的实现路径。

昆明市鲁黑村开展绿色发展